AF315279

L'AMIRAL BAUDIN

PARIS. — TYPOGRAPHIE DE E. PLON, NOURRIT ET Cie, RUE GARANCIÈRE, 8.

L'AMIRAL BAUDIN

PAR LE VICE-AMIRAL

JURIEN DE LA GRAVIÈRE

DE L'ACADÉMIE FRANÇAISE

ET DE L'ACADÉMIE DES SCIENCES

OUVRAGE ACCOMPAGNÉ DE SEPT CARTES

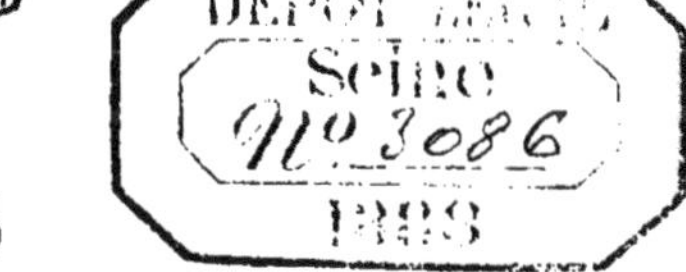

PARIS

LIBRAIRIE PLON

E. PLON, NOURRIT ET Cie, IMPRIMEURS-ÉDITEURS

RUE GARANCIÈRE, 10

1888

Tous droits réservés

L'AMIRAL BAUDIN

CHAPITRE PREMIER.

LES SOUVENIRS INÉDITS DE L'AMIRAL CHARLES BAUDIN.

L'ancienne marine, — la marine d'avant Richelieu, — ne connaissait que trois grades, comme la marine des galères : enseigne, capitaine commandant, capitaine pourvu de la commission d'amiral. En plus d'une circonstance, on pourrait souhaiter qu'il en fût encore ainsi. On trouverait alors dans chaque grade, suivant la nature de la mission à remplir, des prudents ou des audacieux, des Tourville ou des Nelson, des Doria ou des don Juan d'Autriche. On a remarqué que les nations, au sortir de la guerre civile, deviennent presque toujours des nations conquérantes : la raison en est simple; la guerre civile engendre de jeunes généraux. L'empereur Napoléon ne s'arrêtait guère à ces distinctions gênantes de capitaine de vaisseau et de capi-

taine de frégate, de vice-amiral et de contre-amiral;
il semble même qu'il ait montré, vers l'année 1812,
un penchant très-marqué à chercher les hommes
dont il avait besoin dans les rangs inférieurs de
cette marine si cruellement éprouvée, qu'avec une
persistance infatigable il appelait une dernière fois
à renaître. Le commandement de plusieurs frégates
fut, à cette époque, confié à des officiers que leur
grade ne destinait à commander que des corvettes
ou des bricks. Charles Baudin fut un de ces capitaines.

Les vaillants officiers, espoir, dans leur jeunesse,
d'un règne qui finissait, honneur et force, dans
leur maturité, de deux autres gouvernements successivement emportés par la tourmente révolutionnaire, je les ai presque tous connus au début de
ma carrière. Quand je parle marine, il m'est bien
difficile de ne pas répéter involontairement leurs
leçons; quand j'interroge le passé pour y puiser
des exemples, ce n'est jamais sans un certain regret
que j'invoque d'autres souvenirs que ceux de leurs
exploits. Ai-je besoin, en effet, de rétrograder jusqu'à Louis XIV pour apprendre à la génération en
qui repose notre fortune à venir, comment on franchit un goulet réputé inexpugnable? L'entrée de

vive force d'une escadre à voiles dans le Tage, entreprise que n'osèrent, au temps de notre occupation, affronter les Anglais, est, à coup sûr, un fait d'armes dont auraient été fiers les Duquesne et les Duguay-Trouin. La prise du château de Saint-Jean d'Ulloa, « ce Gibraltar des Indes », assis sur un récif, honore-t-elle moins les armes françaises que le bombardement de Gênes ou le bombardement d'Alger? Saint-Jean d'Ulloa, Tanger, Mogador, ce sont des résultats complets et décisifs, obtenus avec de chétifs moyens sur des côtes au plus haut degré périlleuses. Que pourrions-nous donc demander de mieux aux lointaines légendes des vieux siècles de gloire? Que nous promettra de plus éclatant notre formidable marine à vapeur, avec ses puissantes machines, ses flancs invulnérables et son artillerie monstrueuse?

A côté de ces noms sacrés par la victoire, j'aurais bien d'autres noms illustres à citer, quand même je voudrais me borner à la période de renaissance qui commence en 1809 pour finir en 1814. Rosamel, Dupotet, de Mackau, Hugon, Lalande, de Rigny, Roussin, Baudin, de La Susse, Parseval sortent de l'école qu'ont fondée les Duperré, les Émériau, les Bouvet, les Hamelin, les Motard, les

Cosmao, les Plassan, les Bourayne, — si j'en oublie, on voudra bien remarquer que j'omets à dessein le nom de mon père. — Tous ces hommes de guerre, si remarquables à des titres divers, avaient un trait commun qui m'a vivement frappé : ils ne mettaient rien au-dessus de la prise d'une frégate anglaise.

Des frégates anglaises! On n'en a jamais pris beaucoup. L'amiral Roussin, près de qui j'ai passé de si longues heures, quand de cruelles souffrances le condamnaient, après deux ministères, à l'inaction, m'a très-peu parlé de sa campagne du Tage; en revanche, il ne se lassait pas de m'entretenir de ses croisières dans l'Inde. L'amiral Baudin n'eût point échangé, j'en suis convaincu, son combat du *Renard* contre la conquête de tout le Mexique. Aussi, le jour où, cédant aux sollicitations de ses enfants, le vainqueur de Saint-Jean d'Ulloa et de la Vera-Cruz essaya de rassembler ses souvenirs, consentit même, par un suprême effort, à les confier au papier, le vit-on déposer la plume dès qu'il fut arrivé à l'année 1815. On eût dit qu'à partir de ces jours néfastes, l'histoire cessait d'offrir quelque intérêt et ne méritait plus d'être racontée.

Si incomplet qu'il soit, le manuscrit rédigé en 1847 n'en est pas moins un manuscrit de trois cent cinquante-sept pages in-folio. On le mettait hier à ma disposition, m'abandonnant le soin d'en faire l'usage que je jugerais le plus utile à l'instruction de nos officiers. Pour atteindre ce but, il m'a paru qu'il me suffirait de condenser un travail qui portait en lui-même toute sa valeur technique et littéraire. Je laisserai donc autant que possible la parole à l'amiral Baudin, n'interrompant que bien rarement par mes réflexions son récit. On ne reconnaîtra pas seulement le héros à ses actes, on retrouvera aussi l'homme dans son style.

CHAPITRE II.

L'institution de M. Savouré et les idées du général Bonaparte.

Charles Baudin était né à Paris le 21 juillet 1784. Il appartenait à une famille originaire de la Lorraine, famille de magistrature et de finance, qui vint se fixer à Sedan sous le règne de Louis XIV. Le père de Charles Baudin, maire de Sedan depuis l'année 1789, fut élu en 1791 membre de l'Assemblée législative pour le département des Ardennes, représenta le même département à la Convention et y vota contre la mort du Roi, en motivant son vote.

Le vaillant marin dont nous entreprenons d'esquisser l'histoire avait commencé son éducation au collége de Sedan ; il vint l'achever à Paris, où son père l'appela au mois d'avril 1794, c'est-à-dire au plus fort de la Terreur. Le 21 prairial de l'an II de la République, Charles fut mis en pension chez le citoyen Savouré, rue de la Clef, auprès de Sainte-

Pélagie. « C'était, nous apprend le futur amiral, la seule maison d'éducation de l'ancienne Université qui fût restée ouverte. Homme de conscience et de courage, M. Savouré avait maintenu chez lui l'enseignement religieux. Le nombre des élèves était de cent vingt à cent trente. Le personnel des professeurs se composait à peu près exclusivement du chef de l'institution et de ses fils; M. Savouré dirigeait lui-même les classes de troisième, de seconde et de rhétorique. Nous avions pour aumônier un excellent homme, l'abbé Puisié, dont le souvenir m'est encore cher. Je n'oublierai jamais les bontés de ce digne prêtre et ses leçons d'une morale si pure : ses façons affectueuses et dignes lui gagnaient tous les cœurs. J'étais en vacances chez mon père quand éclata le mouvement du 13 vendémiaire an IV contre la Convention. Ce fut dans cette journée que mon père, alors président de l'Assemblée, rencontra pour la première fois le général Bonaparte et se prit pour lui d'une admiration profonde. Au mois de mars de l'année 1796, j'eus, à mon tour, l'occasion de contempler d'assez près l'homme qui venait de faire rentrer dans l'ordre les sections insurgées. Je montais le grand escalier par lequel on arrivait du réfectoire de la pension aux appartements occupés par M. Savouré, lorsque j'entendis une voiture s'arrêter à la porte. D'un coupé jaune, d'assez médiocre apparence, attelé de deux chevaux de couleur différente, sort un petit homme, pâle et maigre, à longs cheveux noirs flottant sur les tempes, qui monte l'escalier en même temps que moi, entre dans l'antichambre et demande le citoyen Savouré. « Monsieur, dit le visiteur, — dans ce temps-là pourtant il n'était pas seulement d'usage, il était d'une prudence vulgaire de dire : citoyen, — Monsieur, j'ai cherché dans tout Paris une maison d'éducation qui réunît à la tradition des bonnes et anciennes études de l'Université la tradition de l'enseignement religieux aujourd'hui partout oublié; je dois vous avouer que je n'ai trouvé que la vôtre. J'ai un jeune frère dont l'éducation s'est malheureusement ressentie des temps de trouble dont nous sortons à peine : je viens vous demander de vouloir bien l'admettre au nombre de vos élèves. Je suis nommé général en chef de l'armée d'Italie : je pars dans quelques jours, demain ou après-demain peut-être; si, pendant mon absence, vous voulez bien avoir la bonté de m'adresser, chaque décade, le bulletin des progrès de mon frère, quelque occupé que je puisse être des

soins de mon commandement, comptez que je trou-
verai toujours le temps de vous répondre. »

L'épisode, si intime qu'il paraisse, a bien son
intérêt. Ainsi donc ce n'est pas en 1802, c'est en
96 que « Napoléon perçait sous Bonaparte ». Le
général auquel la révolution aux abois devait son
salut, faisait, — nous ne devons guère nous en
étonner, — « ouvrir, suivant l'expression du jeune
Baudin, à M. Savouré de grands yeux » ; dès cette
époque, en dépit du canon de vendémiaire, il con-
tenait en germe le souverain qui écrira, le 13 décembre 1805, à M. de Champagny : « Mon premier
devoir est d'empêcher qu'on n'empoisonne la morale de mon peuple. L'athéisme, qui ôte à l'homme
ses consolations et ses espérances, est destructeur
de toute morale, sinon dans les individus, du moins
dans les nations. »

« Quelques jours après, continue l'amiral, Bonaparte amena son frère. Jérôme avait, je crois,
un an ou deux de plus que moi. Il était maigre,
d'une taille élégante, d'une figure agréable. Quand
le général revint à Paris, après sa brillante campagne, il vint de nouveau rendre visite à M. Savouré. Comme la première fois, il descendit dans
la cour et fut l'objet des acclamations des élèves.

1.

Lorsqu'il partit pour l'Égypte, il laissa Jérôme à la pension, chargeant Barras de surveiller son éducation, — choix bien peu sûr et le pire assurément qu'il pût faire. — Deux fois par décade, les aides de camp de Barras venaient à la pension chercher Jérôme. Les études du jeune frère de Bonaparte souffraient naturellement de ces trop fréquentes sorties. M. Savouré écrivit à Barras la lettre suivante :

« CITOYEN DIRECTEUR,

« Lorsque le général Bonaparte m'a confié le soin de l'éducation de son jeune frère, il a voulu que j'en fisse un homme instruit et capable. Or je dois vous dire que rien n'est plus contraire à ce but que la fréquentation continuelle de vos aides de camp. Veuillez donc, citoyen directeur, me laisser entièrement maître de l'éducation du jeune Jérôme, ou bien retirez-le de chez moi.

« Salut et respect. »

« Barras n'était pas capable d'apprécier un tel homme : il prit M. Savouré au mot et retira Jérôme de la pension, au commencement de l'année 1799. Il le mit d'abord à Juilly, puis à Saint-Germain, chez M. Mac Dermott. »

CHAPITRE III.

« L'automne de 1797 me vit entrer en rhétorique. Je comptais un peu plus de treize ans. Mes études avaient été bonnes, et je ne me rappelle pas sans un certain plaisir mes petits succès de collége. Il m'arriva même, — honneur dont je suis resté fier, — d'être deux fois couronné à la fête publique de la Jeunesse, fête républicaine qui se célébrait, autant qu'il m'en souvient, le 10 germinal de chaque année. Toutes les pensions de Paris y concouraient, chacune présentant au concours son élève le plus distingué. Au mois d'août 1799, mes humanités se trouvèrent terminées. L'ambition de mon père n'était pas encore à mon sujet complètement satisfaite. Nommé membre de l'Institut dans la classe des sciences morales et politiques, lorsque la loi du 3 brumaire an IV fondit en un seul corps les quatre académies, mon père attachait le plus grand prix à me donner au moins un aperçu de toutes les connaissances humaines. J'eus un maître de dessin et un maître de mathématiques; le peintre Vincent, un des confrères de mon père, offrit de me recevoir dans son atelier, quand je serais un peu plus avancé; le géomètre Lacroix promettait de me pousser en mathématiques; Gail, l'helléniste, me fortifierait sur le grec; Audran m'apprendrait l'hébreu, le chaldaïque, le syriaque; Mentelle se chargeait de la géographie. La plupart des confrères de mon père, pour ne pas dire tous, lui étaient extrêmement attachés et m'auraient volontiers donné des soins. Mon instruction était donc destinée à être complète : une douloureuse catastrophe vint tout à coup l'interrompre.

« La France traversait une situation très-critique. Elle avait perdu presque tout le fruit de ses victoires : la malheureuse défaite de Novi nous contraignait à évacuer l'Italie; l'armée d'Allemagne venait de repasser le Rhin, et déjà les Autrichiens menaçaient notre frontière du Var. Le désordre des finances était extrême, le Directoire sans considération et sans force; des clubs anarchiques réveillaient l'esprit du jacobinisme. Un changement de gouvernement semblait une nécessité inévitable. Mon père souffrait profondément de cet état de choses. Il avait eu plusieurs conférences avec les deux directeurs Sieyès et Roger-Ducos : il en avait eu également avec quelques-uns de ses collègues du Conseil des Anciens. Le 21 vendémiaire an VIII, — 12 octobre 1799, — il dînait, avec quelques amis politiques, chez le restaurateur Billot, qui occupait alors la maison qu'on voit en face du pont Royal, au coin de la rue du Bac et du quai Voltaire : à dix heures du soir, on vint le chercher de la part de Sieyès. Chez Sieyès, dans le salon d'attente, se promenait déjà, de long en large, le général Moreau, qui arrivait de l'armée d'Italie. Mon père aimait beaucoup Moreau; il appréciait ses talents militaires, sa simplicité républicaine, son caractère privé. Moreau, en voyant entrer mon père, courut à lui et l'embrassa. L'entrevue fut très-affectueuse : mon père en fut vivement ému. Après quelques instants, on vint les prévenir que Sieyès les attendait tous deux dans son cabinet. Ils le trouvèrent seul : dès que la porte fut fermée, Sieyès leur dit : « Devinez ce que j'ai à vous annoncer ! Je vous le donne en dix, je vous le donne en cent, je vous le donne en mille : vous ne devinerez ja-

mais! Bonaparte vient de débarquer à Fréjus! —
Eh bien, dit Moreau, voilà votre homme. Vous me
faisiez venir ici pour effectuer, au besoin, un mouvement militaire. Bonaparte vous convient bien
mieux : il a, bien plus que moi, la faveur du peuple et celle de l'armée. » Mon père, à ces paroles,
fut transporté de joie : il avait une très-haute opinion du général Bonaparte. Il le regardait comme
le seul homme capable de ramener la victoire au
dehors et de dominer l'anarchie au dedans. Il était
plus de minuit quand mon père revint aux Tuileries, où il occupait, en sa qualité de directeur des
Archives nationales, l'appartement qui fut, après
1830, assigné pour logement au prince de Joinville. En descendant de voiture, il donna tout ce
qu'il avait dans sa bourse au cocher et entra chez
ma mère, ivre de bonheur et d'espoir. Jusqu'à deux
heures du matin, il resta auprès d'elle au coin du
feu, lui faisant part de toutes ses idées sur l'avenir
de la France, pour laquelle il entrevoyait les destinées les plus prospères. Ma mère eut beaucoup de
peine à obtenir qu'il se couchât, tant il était animé :
à six heures, mon père voulut se lever. Il se mit
sur son séant, poussa un cri et tomba mort. Il
n'avait que cinquante ans.

« La douleur de ma mère et la mienne ne peuvent se décrire : aujourd'hui encore, après plus de quarante-cinq années, je ressens cette perte cruelle aussi vivement que le premier jour. Je n'ai rien connu au monde de plus vertueux, de meilleur, de plus parfait que mon père; je n'ai rencontré nul homme, quelque élevé qu'il fût en dignités, en fortune, en vertus, de qui je me sois jamais dit : « Je voudrais être le fils de cet homme, plutôt que celui du père que la nature m'avait donné. »

« La mort de mon père fut vivement sentie par la grande majorité de ses collègues. Malgré son extrême modestie, il avait inspiré une estime et une affection générales : des regrets publics et presque unanimes furent donnés à sa mémoire. Un service funèbre fut célébré pour lui à Saint-Germain l'Auxerrois. C'était la première cérémonie de ce genre en France depuis l'abolition du culte catholique en 1793 : distinction bien méritée, à coup sûr, par mon père, qui, dans les temps les plus funestes, au fort de la Terreur, eut toujours le courage de réclamer le libre exercice de la religion chrétienne et les pieuses funérailles qu'on refusait alors aux morts. »

CHAPITRE IV.

UN ASPIRANT DE L'ANNÉE 1800. — LA PREMIÈRE
CAMPAGNE.

« Nous restions, ma mère et moi, sans fortune. Aucun parti n'avait été pris à mon égard, lorsque le 18 brumaire mit au pouvoir le général Bonaparte. A peine nommé consul, Bonaparte s'empressa d'envoyer à ma mère son aide de camp, le général Victor, depuis maréchal et duc de Bellune, pour lui témoigner la part qu'il prenait à ses regrets et lui exprimer le désir que j'entrasse dans la marine. Ma mère, encore dans ces premiers moments de douleur où une femme n'a guère de volonté à elle, répondit qu'elle ferait de moi tout ce qui plairait au consul. M. Bourdon de Vatry, alors ministre de la marine, se montra extrêmement bienveillant. En peu de jours, mon sort fut décidé. Je ne possédais pas la plus légère idée de ce que pouvait être le métier de marin ; j'avais seulement le goût des voyages, et je ne demandais pas mieux que d'embrasser une carrière qui m'offrait la perspective de satisfaire cette inclination. Le ministre me plaça pendant quelque temps au Dépôt des cartes et plans de la marine, où je reçus du digne M. Buache et de son collaborateur, M. Pazumeau, les premières notions d'hydrographie. Vers la fin de frimaire, le commissaire principal de la marine au Havre, M. Le Vacher, retournant de Paris à son poste, je lui fus confié par le ministre.

« Le premier navire de guerre sur lequel je fus embarqué s'appelait *le Foudroyant*. C'était une prame, — navire mixte à voiles et à rames, — de douze canons de 24, commandée par un brave lieutenant de vaisseau appelé Tuvache, dont je me rappellerai toujours l'excellent accueil, ainsi que celui de son second, le lieutenant Lebail. Il leur fallait beaucoup d'indulgence pour faire si bonne réception à un jeune novice qui se présentait avec toute l'inexpérience et, par conséquent, avec tous les ridicules d'un Parisien sortant du collége. Je ne fus pas d'ailleurs longtemps sous leurs ordres : au bout d'un mois, le *Foudroyant* fut désarmé, et je passai sur une des canonnières de la flottille destinée à la défense de la côte. Cette canonnière, assez méchant bateau, n'avait point de nom : elle était désignée par son numéro — le numéro 46. Elle portait le guidon du commandant de la flottille, le capitaine Helloin de Vaudreuil. Pendant les six mois que je passai sur ce navire, notre navigation se borna uniquement à quelques sorties en rade du Havre. J'étais, du reste, fort libre, et j'employais mon temps à me perfectionner dans l'étude des mathématiques et du dessin.

« Au mois de juin 1800, je subis mon examen d'aspirant de deuxième classe. J'eus pour examinateur Monge le jeune, frère du célèbre mathématicien. Je fus reçu d'emblée. On faisait alors au Havre les préparatifs de l'expédition de découverte aux terres australes. Je ne pouvais entendre parler d'une semblable campagne sans désirer ardemment y prendre part. J'écrivis à ma mère et aux amis de mon père à Paris : ils s'employèrent activement à seconder mon projet, mais il leur fallut s'adresser au premier Consul en personne, car les places, dans cette expédition, étaient extrêmement recherchées.

« Enfin, je fus agréé et je commençai mon service d'aspirant à bord du *Géographe*, grande et belle corvette, toute neuve, de trente-deux canons, que devait monter le commandant de l'expédition, le capitaine de vaisseau Nicolas Baudin. Nous portions le même nom : aucun lien de parenté ne nous unissait. Ma joie était extrême : le bonheur de porter l'uniforme, d'exercer ma petite part d'autorité, la perspective d'un voyage lointain et fécond en aventures, tout cela m'enivrait.

« Nous arrivâmes à l'île de France[1] dans les premiers jours de mars 1801, après cent cinquante jours de traversée. Cette colonie, tout en restant attachée à la France, s'était cependant maintenue indépendante en ce qui concernait le régime de l'esclavage : elle avait su résister aux décrets de la Convention, qui proclamaient l'affranchissement des nègres. Elle maintint ainsi dans son sein l'ordre et la prospérité, faisant respecter en même temps, dans les mers de l'Inde, le pavillon français. On était fort patriote à l'île de France : notre arrivée y excita un intérêt général. Après quarante jours de relâche, nous fîmes voile pour la Nouvelle-Hollande[2], le 25 avril 1801. Je ne raconterai pas toutes

---

[1] Voyez, à la fin du volume, la carte de l'*île de France* ou *île Maurice*.

[2] Voyez à la fin du volume : 1° la carte de la *mer des Indes, du cap de Bonne-Espérance au cap Comorin;* 2° la carte de la *mer des Indes du cap Comorin à l'océan Pacifique;* 3° dans le voyage de la corvette *la Bayonnaise* (E. Plon, Nourrit et Cie, éditeurs), la carte du *grand archipel d'Asie.*

les épreuves de cette campagne d'exploration, une des plus pénibles, mais en même temps une des plus instructives que j'aie faites. Aucune misère ne nous fut épargnée : dyssenterie, scorbut, manque de vivres, privation d'eau, tout ce qui peut aigrir les caractères et décimer un équipage fut notre lot, comme il avait été celui de l'expédition de d'Entrecasteaux. Vers la fin de l'année 1802, nous avions reconnu la terre de Leuwin, jeté l'ancre dans la baie des Chiens-Marins, relâché deux fois à Timor, exploré la côte de Van Diémen : on ne saurait se faire une idée de l'état de délabrement et de dénûment général auquel nous étions réduits. La saison était rigoureuse et nos pauvres matelots manquaient de vêtements : ceux qu'on avait embarqués en France se trouvaient trop petits pour des hommes dans la force de l'âge; ils auraient à peine convenu à des enfants. Quant aux vivres, nous n'avions que du biscuit rempli de vers, des salaisons pourries, du riz germé; pour toute boisson, une eau-de-vie de riz nauséabonde qu'on appelle *arack*. Lorsque les souffrances et les privations furent arrivées à un point tout à fait intolérable, le commandant reconnut la nécessité de suspendre notre exploration et d'aller chercher les moyens de la poursuivre à l'établissement anglais de Port-Jackson, situé sur la côte orientale de l'Australie. Nous fûmes accueillis avec une grande cordialité à Port-Jackson : le gouverneur était le capitaine King, de la marine royale britannique, ancien lieutenant et collaborateur fort distingué du célèbre Cook. Fondée au commencement de l'année 1788, la colonie comptait alors quatorze années d'existence. Dans cette jeune colonie jetée au bout du monde, nous trouvâmes toutes les ressources nécessaires pour nous réparer et nous ravitailler. Le 18 novembre, nous mîmes à la voile et reprîmes l'exploration de la côte méridionale de la Nouvelle-Hollande. La reconnaissance du sud achevée, nous entreprîmes celle de l'ouest et du nord-ouest. Le 7 mai 1803, après une campagne beaucoup plus fructueuse que les campagnes des deux années précédentes, nous relâchions de nouveau à Timor.

« Le 3 juin, nous quittâmes Timor avec l'intention de visiter la côte septentrionale de la Nouvelle-Hollande, principalement le golfe de Carpentarie. La saison était malheureusement contraire à nos projets : les vents soufflaient avec force de l'est. Nous luttâmes courageusement pendant un mois. Le commandant finit par désespérer de pouvoir s'élever dans l'est : il annonça publiquement qu'il allait continuer ses efforts pendant toute la durée de la lune. Si la lune nouvelle n'amenait pas un changement favorable dans le temps, il considérerait la campagne comme terminée et ferait route pour l'île de France.

« Le commandant était alors malade et très-fatigué. Il crachait le sang ; le dégoût commençait à s'emparer de lui. Il n'attendit même pas l'époque qu'il avait fixée pour renoncer à la continuation du voyage. Un soir, à neuf heures, le 7 juillet 1803, il parut sur le pont et donna l'ordre à l'officier de quart de mettre le cap à l'ouest, en d'autres termes, de faire route pour l'île de France. En un instant, la nouvelle se répand dans tout le navire. La moitié de l'équipage était couchée : elle se lève et accourt dans un transport de joie. On se félicitait, on s'embrassait. La nuit se passa dans les danses et les chants ; personne n'eut l'idée d'aller se livrer au sommeil. Le 7 août, nous arrivâmes à l'île de France. Peu de jours après, l'état de notre commandant s'aggrava, et nous le perdîmes. Il avait montré une très-grande force d'âme dans ses derniers jours.

« Le 16 mai 1803, la guerre éclata de nouveau entre l'Angleterre et la France : le 16 décembre, nous mîmes à la voile pour opérer notre retour dans les mers d'Europe. La traversée fut heureuse : nous touchâmes à Bourbon, au cap de Bonne-Espérance, et, le 25 mars 1804, après trois ans et cinq mois de campagne, nous entrâmes à Lorient. Les énormes collections d'histoire naturelle et les animaux vivants que nous rapportions furent sur-le-champ expédiés à Paris. Ma mère habitait Dunkerque : j'obtins un congé pour aller la voir. En passant par Paris, j'y trouvai mon brevet d'enseigne. Les congés passent vite : à l'expiration du mien, je fus envoyé à Brest, où se trouvait rassemblée une escadre de vingt et un vaisseaux, sous le commandement du vice-amiral Ganteaume. Je désirais beaucoup en faire partie, car c'est toujours dans les escadres nombreuses que s'acquiert l'instruction sans laquelle il n'est pas de véritable officier de guerre. Je fus donc très-désappointé lorsque, le lendemain même de mon arrivée à Brest, je fus nommé au commandement de la canonnière n° 97. Le général Caffarelli, préfet maritime, crut me faire grand plaisir en m'assignant cet emploi : je n'avais pas vingt ans. La faveur était ambitionnée par beaucoup d'officiers; elle ne fut pour moi qu'une déception. »

CHAPITRE V.

Les souvenirs de jeunesse sont toujours les plus vifs : l'amiral Baudin s'y attarderait peut-être; prenons un instant sa place et résumons en quelques lignes son séjour sur la rade de Brest. Au mois de février 1805, la canonnière n° 97 reçut l'ordre d'opérer son désarmement; l'enseigne de vaisseau Baudin passa sans regret de ce bâtiment, qui satisfaisait peu ses instincts de marin, non plus comme capitaine, mais comme simple officier de quart, sur la *Diligente,* charmante corvette armée de vingt canons et citée pour sa marche tout à fait supérieure. L'été de 1805 se passa néanmoins sans qu'aucune circonstance vînt seconder le désir d'activité d'un officier qui commençait à sentir ses forces et qui cherchait avec ardeur l'occasion de montrer ce qu'il savait faire. L'escadre sortit deux fois : ce fut pour aller mouiller sur la rade de Berthaume et pour revenir bientôt, ainsi que le chantaient alors les aspirants, « poussée par un vent d'ouest, de Berthaume à Brest ». Quelques-uns de nos vaisseaux se trouvèrent engagés avec la tête d'une des colonnes de l'escadre anglaise : il n'y eut là qu'une simple escarmouche, une escarmouche sans conséquences sérieuses, sans tués ni blessés de part ou d'autre. A quoi bon être embarqué sur un navire doué de toutes les qualités d'un merveilleux corsaire, pour passer son temps à évoluer autour de la roche Mingan? Charles Baudin ne tarda pas à échanger sa corvette pour un vaisseau. Un ordre de l'amiral Willaumez le transborda de la corvette *la Diligente* sur le vaisseau *l'Ulysse,* commandé par le capitaine Allemand. L'*Ulysse* était un curieux échantillon de cette flotte qui, pour se grossir numériquement, ne craignait pas de faire flèche de tout bois. Vieille carcasse de construction espagnole, ce vaisseau ne comptait pas moins de cinquante-quatre années de service. Bâti en bois de cèdre, bois justement considéré par les ingénieurs de la Péninsule comme impérissable, il n'eût pas cependant, par suite de l'affaiblissement de ses liaisons, tenu la mer pendant quinze jours. Il faisait bonne figure sur les états qu'on mettait sous les

yeux de l'Empereur; il n'aurait pu servir qu'à com-
promettre l'escadre à laquelle on l'eût attaché.

« Rester sur ce vaisseau, nous dit l'amiral Baudin
avec un accent d'humeur qui se rencontre bien
rarement dans ses mémoires, c'était se condamner
à ne jamais aller à la mer. J'écrivis à M. Forestier,
qui dirigeait alors à Paris le personnel de la marine :
je lui demandais de me faire employer activement
et, s'il était possible, dans un service lointain.
Courrier par courrier, l'ordre vint de m'expédier
à Saint-Malo, où je serais embarqué sur la frégate
la Piémontaise. Le commandant de la *Piémontaise,*
le capitaine Épron, m'accueillit à merveille et me
désigna tout d'abord pour son officier de manœuvre.

Nous quittâmes Saint-Malo dans le courant de décembre 1805 : je me revis enfin en pleine mer. La
Piémontaise était construite sur les plans d'un ingénieur nommé M. Pestel, ingénieur assez mal vu dans
son corps, parce qu'il sortait de la classe des con-
structeurs du commerce : M. Pestel n'en avait pas
moins fait descendre des chantiers un navire d'une
marche quelquefois surprenante. Cependant notre
traversée de Saint-Malo à l'île de France fut loin
d'être aussi rapide qu'elle aurait dû l'être. Le capitaine Épron passait la ligne pour la première fois :

il s'enfonça dans le golfe de Benin, espérant y capturer quelques négriers. Nous ne rencontrâmes pas un seul navire anglais et, pour comble de malheur, nous perdîmes un temps précieux à vouloir nous rapprocher de la côte d'Afrique. Quand nous mouillâmes enfin au cap de Bonne-Espérance, nous y trouvâmes un vaisseau de la Compagnie danoise des Indes, l'*Aigle blanc,* que nous avions laissé, deux mois auparavant, au nord de l'équateur. La marche de l'*Aigle blanc* était pourtant de moitié inférieure à la nôtre.

« Le 15 mars 1806, nous venions de doubler le cap de Bonne-Espérance : nous fûmes assaillis, entre Madagascar et l'île Bourbon, par un des terribles coups de vent qui désolent si fréquemment ces parages. Nous perdîmes non-seulement nos mâts de perroquet, dont nous n'avions pas eu la précaution de nous débarrasser, mais aussi notre petit mât de hune. Quelques officiers émirent alors l'avis de laisser porter vent arrière pour éviter de plus fortes avaries. Malheureusement il y avait dans l'état-major un officier d'un certain âge, jadis commandant d'un navire de flottille dans la Manche, promu depuis quelques mois au grade d'enseigne de vaisseau. Il était arrivé à ce brave homme de fuir vent arrière sur un mauvais lougre et d'avoir la poupe défoncée : depuis ce temps il était toujours effrayé, quand il entendait parler de fuir vent arrière avec grosse mer. Il s'imaginait qu'on allait couler bas. Sa conviction était si profonde qu'il finit par la faire partager au capitaine Épron. Nous nous obstinâmes donc à tenir le travers. Il en résulta que nous perdîmes successivement notre grand mât et notre mât d'artimon. Le mât de misaine et le mât de beaupré restèrent en place, mais ils furent étêtés. Chargée par une mer énorme et couchée sur le côté, la frégate courait risque d'être défoncée par la mâture, qui battait avec violence contre le flanc de tribord. Je proposai au capitaine de mettre, en virant de bord, les mâts brisés au vent de la frégate : nous pourrions ainsi saisir et couper le gréement qui retenait ces malheureux espars convertis en béliers. Le capitaine Épron croyait la manœuvre impossible : il me permit cependant de la tenter. Je l'accomplis avec une facilité extrême. Une fois délivrés de notre mâture, nous fûmes hors de danger. »

Fuir vent arrière, ce n'est pas toujours la manœuvre indiquée dans un cyclone. Que fût-il survenu si l'on eût ainsi précipité la *Piémontaise* au centre du tourbillon? Le vieil enseigne de vaisseau, en admettant toutefois qu'il eût survécu à l'aventure, se serait cru le droit de triompher, et pourtant il aurait, en cette occasion, devancé son siècle sans le savoir. La loi qui régit les tempêtes tournantes n'a pas été découverte depuis plus de quarante ans, et c'est bien un cyclone, non pas un coup de vent ordinaire, qu'éprouva la *Piémontaise* à l'entrée du canal de Mozambique.

CHAPITRE VI.

La campagne de la *Piémontaise* dans les mers
de l'Inde est restée célèbre ; personne ne l'a encore
racontée avec ce ton de sincérité et de juvénile
enthousiasme dont nous trouverons empreinte à
chaque ligne la relation du vaillant amiral. « Dès
que le mauvais temps fut passé, nous dit-il, nous
réparâmes le mieux que nous pûmes nos avaries.
Regréée avec des mâts de fortune, la *Piémontaise*
recouvra une partie de sa supériorité de marche.
Quelques jours après, nous atterrîmes sur l'île de
France. C'était le soir : seul à bord, je connaissais
les côtes de cette île. J'offris de conduire la frégate
au mouillage, malgré la nuit, en traversant la croisière ennemie, dont les fusées de signaux nous
annonçaient la présence. A deux heures du matin,

nous étions devant le Port-Louis[1] : mon avis était de nous rapprocher de la côte et d'y jeter un pied d'ancre pour attendre le jour. La manœuvre semblait indiquée, puisque l'ennemi se trouvait dans le voisinage et que nous avions de graves avaries. Le capitaine Épron préféra se tenir sous voiles.

Vers cinq heures du soir, pendant que nous courions la bordée de terre, une erreur de sonde fut cause que nous échouâmes à petite distance de la pointe des Canonniers. La batterie qui défendait la pointe ouvrit le feu sur nous. Un officier fut expédié dans une embarcation pour arrêter ce zèle intempestif et faire connaître aux compatriotes qui nous canonnaient notre nationalité. La batterie tira sur l'embarcation. L'officier de la *Piémontaise,* découragé, tourna les talons et revint à bord. J'obtins la permission de prendre sa place. Sans me laisser intimider par un feu assez mal dirigé d'ailleurs, je fis force de rames vers la batterie et je parvins à faire entendre raison à celui qui la commandait.

« A peine échappés à ce danger, nous allions en courir un autre de nature infiniment plus sérieuse.

____

[1] Voyez, à la fin du volume, la carte de l'*île de France*.

Un vaisseau de ligne anglais paraissait sous le vent : attiré par le bruit de la canonnade, il faisait force de voiles pour nous joindre. Ce vaisseau était le *Sceptre,* vaisseau de soixante-quatorze canons. Dès que nous le reconnûmes, nous cessâmes de jeter à la mer notre artillerie, dont nous avions commencé à nous alléger. Un pilote nous vint, en ce moment critique, du Port-Louis. Nous étions à trois lieues environ du port. Le vaisseau ennemi n'était plus éloigné que d'une portée et demie de canon, quand, par une chance inespérée, nous parvînmes à nous remettre à flot. Malgré notre voilure réduite, nous soutînmes la chasse avec avantage, pendant plus d'une heure. Nous réussîmes enfin à gagner le mouillage intérieur du Port-Louis. Le *Sceptre* ne voulut pas nous abandonner sans nous envoyer au moins sa bordée : tirée de trop loin, cette bordée ne nous fit aucun mal. »

Nous retrouverons, dans le cours de ce récit, d'autres exemples des méprises auxquelles donnait lieu la crainte, toujours présente, d'un ennemi ingénieux à se déguiser. Les signaux de reconnaissance de jour et de nuit ont une importance extrême en temps de guerre : nous avons tort d'en négliger l'usage en temps de paix. Tous les mouvements d'une escadre d'évolutions, tous ses exercices devraient n'être qu'une répétition des manœuvres et des précautions qu'exigerait une croisière réelle. Il faudrait que, sous ce rapport, la déclaration de guerre ne vînt rien changer à nos habitudes. Voilà, suivant mon humble appréciation, la vraie tactique navale, celle dont il importe de multiplier et de méditer chaque jour les leçons. « Au Port-Louis, continue l'amiral, je trouvai mon ami Moreau, un de mes anciens compagnons du *Géographe*. Il était alors second lieutenant sur la frégate *la Canonnière*. Ce fut une grande joie pour moi. La place de premier lieutenant sur la *Piémontaise* vint à vaquer : je proposai Moreau au capitaine Épron, qui l'accepta. J'étais donc encore une fois réuni à mon ami le plus cher, à l'homme que je considérais comme le meilleur officier, — le plus grand, allais-je dire, — que possédât alors notre marine. »

Ses amis! l'amiral Baudin ne s'est jamais fait faute de les grandir. C'est là, qu'on nous permette de le remarquer en passant, un des traits saillants de son caractère. Nous devons, il est vrai, tenir compte des tendances et du ton général de l'époque : la sensibilité avait remplacé dans les âmes, tout imprégnées des leçons de Jean-Jacques, la ferveur religieuse. N'insistons pas et hâtons-nous de rendre la parole à l'enthousiaste enseigne de la *Piémontaise*.

« Nos avaries, poursuit-il, grâce aux ressources et au bon vouloir du port, furent promptement réparées. Nous allâmes, sur-le-champ, établir notre croisière au sud et sous le méridien même de l'île de France. Le 21 juin 1806, nous rencontrâmes le vaisseau de la Compagnie des Indes, le *Warren Hastings*. Ce vaisseau portait quarante-quatre canons : il ne se rendit qu'après trois heures de combat. Le vent grand frais, la mer houleuse lui donnaient sur nous des avantages et contribuèrent à prolonger sa résistance. Dès qu'il eût amené son pavillon, nous mîmes en panne pour l'envoyer amariner. Nous en étions alors à une encablure ou deux par sa joue de sous le vent. Pendant que nous mettions une embarcation à la mer, le *Warren Hastings* laissa brusquement arriver sur nous, dans l'espoir de nous démâter, peut-être même de nous couler bas par la supériorité de sa masse. Nous manœuvrâmes aussitôt de façon à prévenir un choc qui devait nous être fatal; nous ne pûmes cependant empêcher que le vaisseau anglais ne nous abordât, nous enlevant ainsi notre grand mât de

hune avec la grand'vergue et brisant ensuite notre **beaupré**.

« Quand les deux navires commencèrent à se heurter, Moreau, qui, en sa qualité de premier lieu-tenant, était posté sur le gaillard d'avant, avait sauté à bord de l'anglais, entraînant à sa suite le premier peloton d'abordage. Il ne rencontre qu'une faible résistance et court, sans s'arrêter, vers le gaillard d'arrière. Le capitaine Larkins, — ainsi se nommait le commandant du *Warren Hastings,* — se tenait encore auprès du gouvernail, et la barre, qu'on n'avait pas eu le temps de redresser, se trou-vait toute au vent. La manœuvre déloyale était prise sur le fait : Moreau ne put contenir son indignation. Pendant qu'il reprochait au capitaine Larkins d'avoir voulu éviter la capture par un acte de félonie, il gesticulait avec véhémence. Le poignard, — ou plutôt la dague, — qu'il portait à la main, atteignit légèrement le capitaine anglais entre deux côtes. « Emmenez-le à bord de la frégate ! » dit Moreau à deux de ses hommes. L'ordre fut exécuté sur-le-champ ; il le fut même avec une brutalité que l'ani-mation du combat ne saurait suffire à excuser.

« J'avais, pendant ce temps, demandé au capitaine Épron la permission de remettre à un autre officier le commandement de la manœuvre pour sauter moi-même à l'abordage. Au moment où je me disposais à franchir l'intervalle qui séparait les deux navires, j'aperçus le capitaine anglais, tombé, je ne sais trop comment, entre le *Warren Hastings* et la *Piémontaise*. Il s'était accroché à une manœuvre; le moindre mouvement de l'une ou de l'autre masse pouvait l'écraser. Me laisser glisser jusqu'à la préceinte, saisir le capitaine anglais et l'aider à gravir le bord fut l'affaire d'un instant. Le malheureux, arraché à une mort presque certaine, m'adressait les plus vifs remercîments. Je me hâtai de me soustraire à l'expression de sa reconnaissance et je le fis conduire au poste des blessés. L'aventure, défigurée par d'odieux récits, occupa beaucoup toute la presse de l'Inde et même celle de l'Europe. Elle valut à mon pauvre ami beaucoup d'injures vraiment imméritées, et à moi des éloges bien supérieurs au mérite de mon action [1]. »

---

[1] Le rapport du capitaine Larkins a été publié dans le *Naval Chronicle;* il confirme, pour le fond, la narration de l'amiral Baudin. La vivacité du lieutenant Moreau s'y trouve seulement représentée sous le jour le plus odieux, et le capitaine Larkins n'est plus le seul qu'on représente comme « poignardé après que le vaisseau s'est rendu, — *stabbed after surrender* ».

La tête du *pirate Moreau* fut mise à prix par les autorités de l'Inde. « Les matelots de la *Piémontaise,* raconte gravement l'historien William James, étaient armés comme de vrais assassins. Chacun d'eux portait un poignard fixé dans une des boutonnières de sa jaquette. La prise du *Warren Hastings* fut accompagnée de scènes qui auraient mieux convenu à un corsaire algérien ou à un pirate malais qu'à un navire de guerre européen. Le lieutenant Moreau, *ce monstre de Moreau,* était complétement ivre. Il ne poignarda pas seulement le capitaine Larkins, il frappa encore de sept coups de poignard aux deux bras un jeune midshipman, M. James Bayton. »

Si l'amitié de l'amiral Baudin ne fût venue protéger la mémoire du premier lieutenant de la *Piémontaise,* cet officier, de qui ses plus brillants camarades n'attendaient pas moins que « la régénération de la marine française », aurait laissé derrière lui la plus triste renommée. A quoi tient donc la gloire, et qu'il est prudent d'attendre sa récompense d'un juge plus infaillible que l'opinion publique !

Moreau eut sur-le-champ le pressentiment de la fatalité qui allait le poursuivre. « Je ne tomberai jamais vivant, dit-il à son ami, entre les mains des Anglais. » Il ne tint que trop bien parole.

Le 4 mars 1808, la *Piémontaise* rencontrait à la hauteur du cap Comorin la frégate de Sa Majesté Britannique le *San Fiorenzo.* Un combat acharné s'engagea : trois jours de suite les frégates, après une canonnade plus ou moins prolongée, se quittèrent, se reprirent, se séparèrent encore. A la dernière rencontre, le 8 mars 1808, à six heures du soir, la *Piémontaise* succomba. Le commandant de la frégate anglaise, le capitaine Hardinge, avait été tué dans l'action ; la marine française faisait une bien plus grande perte encore : le premier lieutenant Moreau, blessé le troisième jour, désespérant, dès la seconde reprise, de l'issue d'un combat qu'il jugeait mal conduit, ne trouvant personne qui voulût lui rendre le service de le jeter à la mer, s'était roulé sur le gaillard d'avant et avait cherché dans les flots un asile contre l'exécution de l'arrêt qui le menaçait d'une mort ignominieuse. (Voyez, dans la *Marine des anciens,* t. II, p. 146, 147, 148, 149, 150, le récit de ce lugubre épisode et la trace laissée dans les Archives de la marine par le lieutenant Moreau.)

CHAPITRE VII.

LA GUERRE DE COURSE.

Le *Warren Hastings,* démâté, fut conduit, à la remorque de la frégate qui l'avait capturé, en rade du Grand-Port, ce mouillage de l'île de France que devaient bientôt illustrer les combats des Duperré, des Bouvet et des Hamelin. Du Grand-Port, la *Piémontaise* se rendit directement sur la côte de Malabar [1]. La France était alors en guerre avec l'imam de Mascate. Avec qui n'avait-elle quelque compte à régler? Les navires arabes tombèrent en foule dans les filets de la frégate française. On se contentait d'en extraire les objets d'une certaine valeur, puis on les relâchait avec leurs équipages. Dans les premiers jours de septembre, une corvette de la Compagnie, le *Grappler,* capitaine Ramsay, fut enlevée par la *Piémontaise* en quelques minutes de combat.

[1] Voyez, à la fin du volume, la carte de la *mer des Indes, du cap de Bonne-Espérance au cap Comorin.*

Au *Grappler* succéda le vaisseau de là marine indienne le *Fame,* capitaine Jameson, qui se rendait de Bombay en Chine. Le *Fame* était percé pour recevoir quarante canons : il n'en portait en réalité que vingt-quatre. Néanmoins, grâce à ses caronades à bragues fixes, système tout nouveau, le *Fame* opposa une assez vigoureuse résistance. L'enseigne de vaisseau Baudin en eut le commandement. On fit évacuer sur la frégate l'équipage anglais, à l'exception du chirurgien-major et du maître de manœuvre, puis on remplaça les matelots débarqués par dix prisonniers arabes et dix marins français. Conduire dans ces conditions un vaisseau à demi désemparé à l'île de France, éloignée de mille deux cents lieues, le conduire à l'encontre des courants et de la mousson, n'était pas une mission d'un accomplissement facile. En temps de guerre, les difficultés, par la nécessité de n'en pas tenir compte, s'aplanissent.

« J'avais vingt-deux ans, nous dit le jeune capitaine de prise : pour la première fois j'allais avoir à diriger un grand navire à travers l'Océan, sans pouvoir prendre conseil que de moi-même. Le plaisir d'exercer un commandement me faisait tout voir en beau. Le voyage dura trente jours. Nous

eûmes des temps horribles en passant entre les Mal-
dives et les Laquedives. La fatigue, l'insomnie
me firent enfler l'œil droit, au point que je craignis,
pendant plusieurs jours, de le perdre. Heureusement le chirurgien anglais que j'avais conservé à
bord était un jeune homme plein d'instruction et
de cœur. Écossais de naissance, il se nommait
Henry Marshall. D'un caractère doux et bienveillant, il ne tarda pas à s'attacher à moi. Je savais
alors à peine quelques mots d'anglais : nous faisions
la conversation en latin. Cette réminiscence de nos
études classiques plaisait fort à l'excellent docteur :
instruit et habile, il parvint à me sauver l'œil, et
guérit également d'un énorme abcès à la joue mon
petit mousse Caussade, qui faisait sa seconde campagne avec moi ; il eut, en un mot, grand soin de
tout le monde, pendant la traversée, sans distinction d'Arabes ou de Français. Le maître d'équipage
anglais, appelé George Pendrey, était, comme le
docteur Marshall, un fort brave homme, honnête
et intelligent, connaissant bien son métier. Il avait
été deux fois prisonnier en France et parlait avec
reconnaissance des bons traitements dont il fut
l'objet pendant sa captivité à Valenciennes.

« Enfin, après un mois de traversée, nous atteignîmes les parages de l'île de France. Je devais m'attendre à y trouver une croisière ennemie : aussi pris-je mes mesures pour n'atterrir que de nuit. Mes instructions me prescrivaient de me rendre à la Rivière-Noire [1], qui est sous le vent de l'île. J'y allais à contre-cœur et par pure obéissance, car c'est un point d'atterrage fort dangereux lorsqu'une force ennemie tient la mer. Après avoir reconnu les terres des environs du Grand-Port, je filai, bien à regret, le long de la côte, pour me rendre à la destination qui m'était assignée. Il était une heure du matin : je me promenais sur le gaillard, ma longue-vue de nuit à la main, causant en latin avec Marshall, lorsque le docteur me fit remarquer un point noir qui grossissait à vue d'œil. Je donnai un coup de longue-vue et je reconnus une frégate anglaise qui venait à contre-bord, tous les ris pris. Je n'eus que le temps de manœuvrer à la hâte et de changer de route dans le plus grand silence. La frégate passa derrière nous sans nous voir. Tout le monde apparemment dormait à bord. Je gagnai au plus vite la côte, et me considérant comme dis- pensé, par le danger que je venais de courir, de

[1] Voyez, à la fin du volume, la carte de l'*île de France*.

suivre mes instructions à la lettre, je louvoyai pour gagner le Grand-Port, où j'entrai le lendemain avant midi.

« Quelques semaines plus tard, arriva la *Sémillante*, revenant de croisière. Elle avait trouvé le Port-Louis bloqué et s'était vue forcée de se réfugier, comme nous, au Grand-Port. Le capitaine Motard m'accueillit avec une extrême bienveillance. Je me liai avec la plupart des officiers de son état-major, particulièrement avec Roussin. Nous restâmes deux mois au Grand-Port, retenus tantôt par la présence de forces ennemies supérieures, tantôt par les vents contraires qui rendent la sortie très-difficile et très-dangereuse. A la fin de novembre, nous réussîmes à gagner le Port-Louis. J'y désarmai le *Fame,* qui fut mis en vente et trouva promptement des acqué-reurs, car c'était un des plus beaux navires qu'on pût voir. Mon brave Pendrey fut envoyé au dépôt des prisonniers anglais, à la Grande-Rivière. J'eus soin qu'il n'y manquât de rien jusqu'au moment où il fut échangé. Quant au docteur Marshall, j'ob-tins qu'il fût renvoyé, à bord d'un navire neutre, sur parole. »

CHAPITRE VIII.

LA FRÉGATE « LA SÉMILLANTE ». — BLESSURE ET AMPUTATION.

« Au mois de janvier 1807, je pus me rendre au désir que m'avaient exprimé le capitaine Motard et son état-major. Je passai sur la *Sémillante*, laissant mon bon ami Moreau sur la *Piémontaise*. Au mois de février, la *Sémillante,* réparée et ravitaillée, était de nouveau prête à prendre la mer. Nous entrions dans la saison de l'hivernage, les indices précurseurs d'un ouragan nous conseillaient de rester au port. Tout à coup, à minuit, nous arrive l'ordre de mettre sous voiles dès le point du jour. Nous obéissons : à onze heures du soir, nous avions perdu tous nos mâts, non sans avoir couru le risque de sombrer par la violence du vent et de la mer. Une croisière ennemie était alors au vent de l'île : elle se composait du vaisseau de quatre-vingts canons *le Blenheim,* ancien vaisseau à trois ponts, auquel on avait rasé la batterie des gaillards, de la frégate neuve *la Java,* du brick *le Harrier.* Le vaisseau et la frégate coulèrent à fond avec l'amiral Troubridge, un ancien compagnon de Nelson : onze cents hommes d'équipage périrent. Le brick seul échappa. Il en fut quitte pour la perte de sa mâture et de sa batterie jetée à la mer. Le 13 février, nous rentrâmes au Port-Louis avec des mâts de fortune : deux mois plus tard, nous repartions pour une nouvelle croisière. Notre mâture, notre gréement, notre voilure étaient entièrement neufs. »

Le Port-Louis, on le voit, était un port de ressources. Telle fut, au quinzième siècle, Alger la Moresque, avec ses corsaires, ses captifs et l'opulence qu'elle devait aux prises faites par ses marins. L'abattement qui, dans les mers d'Europe, s'emparait peu à peu de la marine française, était inconnu dans les mers de l'Inde : on n'y comptait, en effet, que des triomphes. Quelle confiance! Quelle ardeur! Et combien il est doux de retrouver dans ces récits intimes le feu sacré qui animait jadis les marins de Saint-Malo et de Dunkerque! Le gouvernement du général Decaen a fait, pendant quelques années, revivre à l'île de France les temps où la fortune ne savait pas encore à qui, des Anglais ou de nous, elle adjugerait l'empire de la mer.

Les nouveaux mâts de la *Sémillante* se trouvèrent, par malheur, de mauvaise qualité. Le capitaine Motard en alla chercher de meilleurs aux îles Nicobar, dans l'excellent port de Nausoury[1]. La forêt descendait jusqu'à la plage; il fut facile d'y couper des mâts et des vergues. La frégate pouvait désormais affronter les tempêtes. Elle se porta, sans perdre un instant, à la hauteur de la pointe d'Achem, une des extrémités de la grande île de Sumatra, et s'établit en croisière à l'entrée du détroit de Malacca. La *Sémillante* se postait ainsi sur le passage de tout le commerce de l'Inde et de l'Europe avec la Chine.

« Il y avait déjà trois semaines, écrit l'amiral Baudin, que nous tenions cette croisière, malgré le vent toujours grand frais, des pluies torrentielles et une très-grosse mer, lorsque, le 20 juillet au matin, nous découvrîmes onze voiles que nous reconnûmes bientôt pour le convoi de Chine, convoi composé de dix vaisseaux de la Compagnie des Indes, naviguant sous l'escorte d'un vaisseau de ligne de soixante-quatre canons, — le *Lion,* comme nous

---

[1] Voyez, à la fin du volume, la carte générale de la *mer des Indes, du cap Comorin à l'océan Pacifique.*

l'apprîmes plus tard. — La disproportion des forces était grande : le capitaine Motard n'hésita pas cependant à s'approcher du convoi anglais et à essayer de l'entamer. Pendant deux jours et une nuit, nous rôdâmes autour de la proie que le ciel nous envoyait. Mais le *Lion* faisait bonne garde, et d'ailleurs il n'y avait pas un seul de ces vaisseaux de la Compagnie qui ne fût en réalité plus fort que nous. Insister davantage eût été perdre son temps. Nous laissâmes arriver, et nous allâmes mouiller sous l'îlot Cornicobar, où, pendant vingt-quatre heures, nous nous approvisionnâmes d'eau et de noix de coco; puis nous retournâmes croiser au sud de l'île Preparis. Là, nous prîmes d'abord l'*Althea,* beau navire anglais venant du Bengale et allant en Chine. Quelques jours plus tard, nous capturâmes encore deux autres navires, l'*Elisabeth* et le *Gilwell,* qui venaient également de Calcutta et allaient à Canton. Mon ami Roussin fut chargé d'amariner le *Gilwell;* je fus envoyé sur l'*Elisabeth.* Tous deux, nous passâmes la nuit à bord de nos prises. Le lendemain matin, lorsque nous ralliâmes la *Sémillante,* le capitaine Motard me désigna pour commander le *Gilwell,* et donna l'*Elisabeth* à un de mes camarades, l'enseigne de vaisseau Fournier.

La résolution du capitaine Motard était prise : il allait faire route pour l'île de France et y amener ses deux riches captures sous l'escorte de la *Sémillante*. En conséquence, il retira simplement de l'*Elisabeth* et du *Gilwell* les capitaines et les officiers anglais, laissant à ces deux navires tout leur équipage, composé de Portugais et d'Indiens. Il resta sur le *Gilwell* quatre-vingt-trois hommes. Je n'avais, pour les contenir et les contraindre au travail, qu'un aspirant, nommé Capdeville, un quartiermaître, cinq soldats volontaires de Bourbon et mon fidèle mousse Caussade. Retenus, tantôt par les calmes, tantôt par les gros temps, nous éprouvâmes beaucoup de contrariétés pour sortir du golfe du Bengale. Les provisions manquèrent : Roussin, pendant la nuit où la direction du *Gilwell* lui fut confiée, s'était bien gardé d'oublier ses camarades faméliques de la *Sémillante*. Il avait bravement fait passer sur la frégate tout ce qui était bon à boire ou à manger. Quand je vins prendre à mon tour le commandement de cette prise, je n'y trouvai plus que du riz en assez grande quantité et un peu d'eau que nous fîmes durer une quinzaine de jours. Heureusement, au moment où notre provision était sur le point d'être complétement épuisée, la pluie se mit à tomber par torrents : nous pûmes remplir nos futailles vides.

« Après bien des retards, nous gagnâmes enfin la zone des vents alizés et nous commençâmes à faire bonne route. A environ deux cent cinquante lieues de l'île de France, la rencontre de la frégate anglaise le *Pitt* me contraignit à me séparer de mes deux conserves. Le *Pitt* était une grande frégate de cinquante-quatre bouches à feu, dont plus de la moitié appartenait au calibre de 24 : elle eût été de force à combattre deux frégates comme la nôtre, car la petite *Sémillante* ne portait que du 12 et n'avait que trente-deux pièces. Le *Pitt* possédait de plus l'avantage d'être un navire construit en bois de teck, ce qui lui donnait des flancs impénétrables à des boulets de petit calibre. Nous connaissions bien cette frégate, qui avait souvent croisé devant l'île de France. Néanmoins, le capitaine Motard ne se laissa pas intimider par la supériorité de l'ennemi. Il montra tant d'audace et de caractère qu'il parvint à sauver ses deux prises. Pendant quatre jours, le *Pitt* ne cessa de lui appuyer la chasse; il ne s'en émut pas et prit l'*Elisabeth* à la remorque presque sous le canon de l'ennemi. Pour moi, dès les premiers jours, j'avais mis le *Gilwell* à l'abri en tenant une route qui m'éloignait de l'*Elisabeth* et de la *Sémillante*. Bien m'en prit, car si j'eusse continué à naviguer de compagnie avec ces deux bâtiments, j'aurais été infailliblement sacrifié. La marche du *Gilwell* était inférieure à celle de l'*Elisabeth,* et l'*Elisabeth* ne fut sauvée que par la résolution énergique du capitaine Motard.

« Ce fut deux mois seulement après notre arrivée à l'île de France que le *Gilwell* put être déchargé et remis en douane. L'opération ne me parut pas conduite avec toute la loyauté désirable : elle me valut une querelle et une demande de réparation par les armes. Je tairai naturellement le nom de mon adversaire. Nous nous battîmes au pistolet dans un lieu appelé le *Champ de l'or :* mes témoins étaient Roussin et le capitaine d'artillerie Mourgues. Je fus blessé à la tête. Merle, un de mes amis, qui s'était tenu à quelque distance du théâtre du combat, me fit rapporter en ville dans un palanquin et m'installa chez lui, dans sa propre chambre. Le 15 février 1808, la *Sémillante* partit pour une nouvelle croisière : je m'embarquai, très-souffrant encore.

« Le 15 mars, un peu avant le jour, nous trouvant dans le voisinage de Ceylan, nous prîmes le navire anglais la *Cecilia,* capitaine Skeene. Ce navire venait du golfe Persique : il fut expédié aussitôt pour l'île de France sous le commandement de Rabaudy, qui était alors un très-médiocre aspirant et n'annonçait pas devoir être ce qu'il est devenu depuis, un de nos meilleurs capitaines de vaisseau. Dans la soirée du même jour, nous engageâmes un combat avec la *Terpsichore*, commandée par le capitaine Montague. Après une heure de combat vergue à vergue, le feu de l'ennemi était presque éteint : il ne tirait plus que quelques coups de canon d'intervalle en intervalle et ne pouvait évidemment tenir longtemps, lorsque le capitaine Motard fut blessé à la tête et à l'épaule. Le second de la frégate prit le commandement. J'étais occupé à faire pointer une de nos deux pièces du gaillard d'avant : la frégate anglaise, qui, en ce moment, manœuvrait pour s'éloigner, nous envoya au hasard trois coups de canon; le dernier de ces trois coups, tirés à boulet perdu, m'emporta le bras droit et me laboura le ventre. Je tombai, à genoux d'abord, puis la tête en avant, sur le pont. Pendant quelques secondes, je perdis connaissance. On me porta au poste des blessés : je tenais de ma main gauche mon bras droit, qui pendait encore à quelques lambeaux de chair. Mon ventre était brûlé et entièrement noir, comme si l'on y eût appliqué un fer chaud. Je souffrais des douleurs atroces. Le chirurgien-major, — il se nommait Marquet, — ne jugea pas à propos de m'amputer pendant la nuit. Il avait, d'ailleurs, assez d'occupation avec une trentaine d'autres blessés. Vers dix heures du matin, on m'enleva de dessus mon matelas et on m'assit sur une chaise, au-dessous de la grande écoutille. Avant de commencer l'opération, le docteur Marquet me dit : « Baudin, je crois devoir vous laisser le moignon le plus long possible : vous soutiendrez ainsi plus commodément votre manche d'habit. — Docteur, lui répondis-je, prenez garde ! je crains que l'os ne soit éclaté très-haut : si vous coupiez au-dessous de la fissure, il faudrait recommencer l'opération. Tâchons, je vous prie, de ne pas nous y prendre à deux fois. — Soyez tranquille ! » répliqua Marquet. Et, sur-le-champ, il mit en action ses bistouris, ayant soin de couper la peau plus longue que les muscles, les muscles plus longs que l'os. A peine eut-il attaqué l'os qu'il le trouva éclaté : la scie s'arrêta. Le pauvre docteur pâlit. Néanmoins, il continua l'opération, n'osant pas la recommencer à cause de la plaie du côté, qu'il considérait comme mortelle.

« Quand tout fut terminé, on me plaça sur un
cadre de malade dans le faux pont. L'air y était
affreusement chaud et fétide. La femme du capitaine Skeene, notre prisonnier de la veille, vint
s'asseoir à mon chevet et se mit à m'éventer, à
m'asperger le visage avec du vinaigre pour m'empêcher de tomber en défaillance. Elle reconnaissait
ainsi quelques bons procédés que j'avais eus pour
elle et pour son mari, quand je les vis arriver,
fort effrayés, à bord de la frégate. Cette digne
femme passa trois jours et trois nuits près de moi,
sans prendre un instant de repos. C'est bien certainement à ses soins que je dois la conservation
de mon existence. J'éprouvais un accablement
extrême : mes intestins commençaient à s'enflam-
mer; de temps en temps, j'étais en proie à des
nausées presque insurmontables. Or, je savais que,
dans les grandes blessures du tronc, le vomissement
est mortel : que de fois j'ai rassemblé mes forces et
ravalé en quelque sorte mon âme près de m'échapper! La perte de mon bras fut, en cette circonstance, un bonheur. Si je n'avais eu que la plaie du
ventre, j'étais un homme mort : l'hémorragie considérable, qui eut lieu entre le moment où je perdis
mon bras et celui de l'amputation, empêcha l'in-

flammation des intestins et me sauva certainement
la vie.

« Après un mois de mer, nous arrivâmes à l'île
de France. Je fus transporté avec les autres blessés
à l'hôpital. Le capitaine général Decaen m'avait
déjà recommandé aux soins du docteur Chapotin,
chirurgien en chef de la marine. Nous avions été
huit amputés à bord de la *Sémillante,* quatre du
bras droit, quatre du bras gauche : j'étais le seul
qui eût survécu ; les sept autres succombèrent
pendant la traversée. La plaie que je portais au côté
était énorme ; elle s'étendait de l'extrémité de l'os
iliaque au voisinage de la première fausse côte ;
pour la panser, on n'employait pas moins d'une
livre de charpie. La suppuration très-abondante,
les sueurs excessives, la fièvre continuelle, la privation de nourriture, les douleurs et l'insomnie me
réduisirent à un degré d'affaiblissement tel que je
n'étais réellement plus qu'un squelette : le docteur
Chapotin commençait à désespérer de moi. Un
médecin allemand, de passage à l'île de France, le
docteur Curtius, obtint qu'on modifiât le traitement
débilitant auquel on m'avait jusque-là soumis : vers
le milieu d'octobre, c'est-à-dire sept mois après
le jour où je tombai blessé sur le pont de la *Sémil-*

lante, la plaie était entièrement cicatrisée. Je me levai et je pus essayer de faire quelques pas. J'étais tellement raccourci du côté droit que je marchais tout courbé vers la droite et pour ainsi dire à trois pattes. Il fallut plusieurs mois encore pour que, grâce à ma jeunesse et à ma saine constitution, je parvinsse à me redresser »

CHAPITRE IX.

Le capitaine Motard se disposait à rentrer en France. Sa santé était très-affaiblie par six années de fatigues constantes, et la *Sémillante,* qui tenait la mer depuis l'année 1803, à bout de forces comme son capitaine, venait d'être condamnée : on commençait à la démolir, quand des acquéreurs se présentèrent. La longue durée du blocus hermétique qui nous était infligé avait porté à un taux fabuleux le prix des denrées coloniales importées en France : une douzaine de navires bons marcheurs s'apprêtaient à partir du Port-Louis avec des chargements de sucre et de café. Ces navires, bien que leur cale fût remplie de marchandises, n'en étaient pas moins armés en guerre. C'était ce qu'on appelait alors des *aventuriers.* La vieille *Sémillante,* grâce à sa marche supérieure, devait constituer un

aventurier sans pareil. On lui confia une cargaison
évaluée à cinq ou six millions de francs, on lui donna
pour capitaine le fameux Surcouf, et les passagers
sollicitèrent en foule la faveur d'embarquer sur un
navire que la fortune avait toujours favorisé. Au
nombre des passagers qu'emporta, le 20 novembre
1808, la frégate *la Sémillante,* transformée en vaisseau de commerce, se trouvaient son ancien commandant, le capitaine Motard, et l'enseigne de
vaisseau Charles Baudin. La *Sémillante* devait se
rendre à Bordeaux : la rencontre de plusieurs croiseurs ennemis, à l'approche des côtes de France, la
contraignit de se rejeter vers le nord. Il fut aussi
impossible de gagner Lorient que la Gironde. Aux
abords de Brest, il fallut encore prendre chasse. Le
vent soufflait de l'ouest grand frais ; plusieurs des
voiles de la frégate furent emportées. Il était fort à
craindre que, pendant la nuit, le vent et la mer ne
jetassent la *Sémillante* sur les rochers de l'île
d'Ouessant. Surcouf alla se coucher : « Comment
donc! se coucher? » Surcouf abandonnait-il la
partie? Livrait-il son équipage aux hasards de la
mer? Surcouf faisait, en cette occasion, ce qu'eût
fait le capitaine Bouvet : il reprenait des forces,
n'ayant, pour le moment, aucune manœuvre à

tenter. Savoir dormir à propos est le propre des grandes âmes et des bons capitaines.

Surcouf, nous apprend l'amiral Baudin, avoua le lendemain que, réveillé en sursaut par les coups de mer qui embarquaient à bord, il avait cru plus d'une fois que c'en était fini de la frégate. Le jusant joua en cette occasion le rôle du bon génie : il soutint la frégate contre la force du vent qui la portait à terre. Au point du jour, la *Sémillante* doublait l'île d'Ouessant : seulement le flot était survenu, et le flot entraînait la frégate sauvée dans la Manche.

Le port le plus voisin était Morlaix : la *Sémillante* se présente à l'entrée de la rade avant la nuit. Elle est assaillie par les coups de canon du château bâti sur l'îlot du Taureau. Le temps ne permettait pas d'envoyer à terre une embarcation. La frégate, avec son équipage sur les dents, ses voiles en lambeaux, se décide à faire route pour Saint-Malo. Le 3 février 1809, elle mouille dans la baie de la Fresnaye. Au point du jour, on se disposé à lever l'ancre. Les passagers, réveillés de bonne heure par le désir de saluer la côte de France, sont tous accourus sur le pont : les batteries de la baie, aussi perspicaces que celles du château de Morlaix, choisissent ce moment pour ouvrir leur feu. Le premier boulet

écorche le grand mât, couvre d'éclats le capitaine
Motard et lui enlève son chapeau. Les passagers
s'empressent de rentrer dans le faux-pont. La canonnade cependant continue : la brise heureusement était fraîche, la frégate fut bientôt hors de
portée. Le port de Solidor ne tarda pas à la recevoir.

Quelle existence de perpétuelles alarmes et combien les chétifs avaient alors de chances pour rester
en route ! On ne connaissait pas de *vieux* dans ce
temps-là : on ne rencontrait que des *vieillards*, et
de beaux vieillards, je puis le garantir. Le 13 février, Charles Baudin arrivait à Paris avec le commandant Motard : il était toujours enseigne de
vaisseau. A peine descendait-il de voiture que le
capitaine de vaisseau Morel-Beaulieu, aide de camp
du ministre de la marine, venait lui annoncer que
l'Empereur le nommait chevalier de la Légion
d'honneur. Nous ne savons plus ce que vaut la première décoration. La croix d'honneur était, en 1809,
une distinction plus flatteuse que tous les grades
du monde : elle vous introduisait dans la légion des
braves, et à quelle époque ! à une époque où être
héroïque s'appelait simplement « faire son devoir ».

CHAPITRE X.

Passons rapidement sur ce nouveau séjour à Paris : l'ardeur guerrière de Charles Baudin l'abrégera d'ailleurs autant que possible. Le 7 août 1809 s'ouvre pour notre héros une période nouvelle, une période qui va l'initier à d'autres devoirs que ceux d'officier de quart et de capitaine de prise. Le brick *le Renard* est en construction à Gênes : Baudin reçoit l'ordre d'aller en hâter et en surveiller l'armement. Les enseignes de vaisseau sous le premier Empire commandaient donc quelquefois des bricks? Le beau temps! direz-vous : ne nous plaignons pas trop; ce beau temps ne saurait tarder à revenir. Nos enseignes de vaisseau vont commander bientôt des canonnières et des torpilleurs; la flottille sera si nombreuse, qu'il y aura des commandements pour tous, même pour les quartiers-maîtres [1]. Le jeune

[1] Au temps où nous vivons, il faut toujours se méfier des vieux errements. Les choses se transforment si vite qu'il est indispen-

Baudin, nommé au commandement du *Renard*, n'attendit, du reste, que quelques jours à peine son

sable d'en suivre la marche d'un œil attentif et de pourvoir rapidement aux nécessités du jour. Il n'y a pas vingt ans, une administration soigneuse et paternelle se croyait avec raison tenue d'assurer aux jeunes gens qu'elle admettait dans les rangs de la marine de l'État, un avancement légitime et régulier. Elle proportionnait les appels, bien moins aux besoins de son service qu'aux vacances prévues dans les cadres. Aujourd'hui, cette sollicitude n'a plus sa raison d'être. Au lieu de passer par la caserne et de porter le sac, quel jeune homme doué de quelque instruction ne préférerait payer sa dette à la patrie dans les modestes fonctions d'aspirant de marine ou d'enseigne de vaisseau? A vingt-quatre ou à vingt-cinq ans, il ne sera pas trop tard pour chercher une autre carrière, soit dans l'industrie, soit dans l'agriculture, soit même dans les chances d'une vie aventureuse. Je serais donc d'avis de limiter moins rigoureusement le nombre des élèves de l'École navale. Vous imprégnerez ainsi une généreuse élite destinée à se répandre plus tard sur la surface du pays, d'un rare et précieux esprit de discipline. Ceux dont la vocation persistera vous fourniront, par voie de sélection, des lieutenants de vaisseau et des officiers supérieurs; les autres vous auront donné leur jeunesse. Vous leur aurez dû : pour vos cuirassés, des surveillants que ne remplaceront jamais les seconds maîtres et les quartiers-maîtres; pour les nombreux éléments de votre flottille, des capitaines imbus de ces traditions de devoir et d'honneur qui sont encore le meilleur enseignement puisé dans vos écoles.

A-t-on songé à l'armement de ces canonnières, de ces torpilleurs, qui se compteront bientôt par centaines, je serais tenté de dire par milliers? On s'en repose sans doute, pour les mettre en campagne, sur les officiers de réserve, sur les capitaines au long cours. Je crains que cette ressource ne soit insuffisante ou, pour ne rien dissimuler de ma pensée, j'appréhende qu'un semblable apport ne soit plus assez jeune.

Le service de l'État est devenu aujourd'hui un impôt auquel nul ne saurait se soustraire : dans la marine, on pourra l'acquitter plus gaiement et plus utilement que partout ailleurs. Il importe de

brevet de lieutenant de vaisseau : ce grade lui fut conféré le 29 août 1809, à l'âge de vingt-cinq ans. Accompagnons-le maintenant à la mer, et voyons quel parti il saura tirer de son brick ligurien et de son équipage en majeure partie génois.

« Le 22 août 1810, dit-il, j'étais en croisière sur la côte de Toscane [1] avec le *Renard* et la *Ligurie*, petit brick de dix commandé par le lieutenant Serra,

faire renaître chez nous cet esprit d'entreprise qui nous distingua jadis et qui fut si longtemps le seul lot réservé aux cadets de famille. On parle sans cesse de colonisation. Qui colonisera mieux que de jeunes officiers démissionnaires? L'École navale devrait être, à mon sens, une pépinière d'aventuriers sans rivaux, « l'École des hautes études » pour tous les cœurs vaillants que l'inconnu attire. En un mot, j'inviterais l'administration à se préoccuper sans aucun scrupule des besoins de la flotte : l'initiative privée saurait bien dégager, au moment voulu, des cadres trop encombrés. Le mariage, à lui seul, y suffirait.

J'émets là, — je ne me le dissimule point, — un vœu inattendu. Qu'on en sonde cependant les conséquences! On découvrira sans peine tout ce que la marine et la société pourraient gagner à le voir accompli. Pour doubler *sans frais* le nombre des aspirants, la recette est facile : ne gardez vos élèves sur le vaisseau-école qu'une année au lieu de deux. Vous craignez peut-être qu'ils ne sortent pas de cette école flottante assez instruits. Permettez-moi de ne pas partager votre inquiétude. Ce sont des officiers de mer, ce ne sont pas des ingénieurs ou des professeurs que vous voulez former. Le régime du cloître est bien dur pour des novices de dix-huit et vingt ans : abrégez autant que possible ce temps d'épreuve.

Si jamais la question venait à l'étude, il serait bon, je crois, de s'enquérir de la façon dont les choses se passent dans les marines étrangères.

[1] Voyez dans l'ouvrage intitulé : *La bataille de Lépante*, t. I, le croquis des côtes de l'Italie.

qui est devenu contre-amiral dans la marine sarde. J'aperçus une frégate anglaise sous le vent à nous, et j'allai la reconnaître. Cette frégate était le *Sea Horse*, — le cheval marin, — de quarante-quatre canons, capitaine Stuart. Par prudence, je laissai le long de la côte la *Ligurie*, dont la marche était assez inférieure : j'avais, au contraire, confiance dans la marche du *Renard*. Je n'hésitai pas à narguer de très-près la frégate anglaise. Le vent, par malheur, tomba tout à coup, puis, après un certain intervalle de calme, s'éleva une légère brise, que reçut avant moi le *Sea Horse*. Pendant que j'étais encore condamné à une immobilité complète, le *Sea Horse* arriva sur le *Renard*, toutes voiles dehors. »

Le vent finit toujours par venir à qui sait l'attendre. Le *Sea Horse* approchait rapidement, mais les premiers souffles de la brise commençaient à enfler les voiles du *Renard*. Le brick prit chasse vers le golfe de la Spezzia. Orage affreux, échouage sur les bancs de la *Magra* : la frégate, aussitôt que l'orage s'est dissipé, reparaît. Le temps était magnifique, la mer unie comme un lac, la brise légère. Le *Sea Horse* se met à croiser devant le brick échoué, et, jusqu'à sept heures du soir, le canonne comme une cible.

Le tir n'est guère exact sous voiles, car on apprécie généralement assez mal une distance qui varie sans cesse : le *Renard* eût dû être pulvérisé ; il sortit de cette aventure sans avaries graves. La nuit venue, la frégate s'éloigne, le brick se remet péniblement à flot. Le port de la Spezzia ne lui fournirait aucune ressource, il lui faut gagner Gênes. A mi-route, entre la Spezzia et Rapallo, ce port génois où Louis XII, alors duc d'Orléans, battit en 1494 les Napolitains de Frédéric d'Aragon, se rencontre une petite ville appelée Levanto. L'inspecteur général des côtes de Ligurie y avait constaté récemment la présence d'une batterie de cinq canons. L'inspection ne fut pas poussée plus loin. Le brick *le Renard* rasait la terre : une voile venait de se montrer au large ; bientôt cette voile grandit, elle arrive poussée par une grande brise. C'est encore le *Sea Horse*. Le capitaine Baudin n'hésite pas : il va jeter l'ancre sous la protection des batteries de Levanto. « Sergent de garde, où est votre capitaine ? — Je n'en ai pas ; c'est moi qui commande. — Disposez vos canons. — Mes canons sont encloués. » Le capitaine Baudin envoie chercher un vilebrequin. Les lumières des canons sont, en effet, bouchées ; on n'y a cependant enfoncé aucun clou : la rouille

seule a fini par acquérir la dureté du métal. Au
bout de quelques minutes, le vilebrequin a fait son
office.

Pendant ce temps, la frégate anglaise s'est
approchée à portée de canon : elle met en panne
et envoie sa volée. Le brick et la batterie ripostent.
Les Anglais avaient, sous l'Empire, un respect inouï
des batteries de côte. Ils les enlevaient quelquefois
par un débarquement; ils ne les affrontaient jamais
de face. Dès que le *Sea Horse* s'aperçoit que la
terre s'en mêle, il vire de bord et s'éloigne. Des
cinq pièces qui composaient la batterie, trois avaient
déjà brisé leurs affûts; les deux autres affûts menaçaient ruine. Je m'explique maintenant que l'amiral Baudin, préfet maritime à Toulon en 1842,
m'ait envoyé, avec le capitaine du génie Rivière,
inspecter les défenses côtières du 5ᵉ arrondisse-
ment : il se rappelait l'épisode de 1810 et l'état
des batteries de Levanto. Je ne crois pas me trom-
per en affirmant que c'est aux instances réitérées
de l'amiral que nous devons les résolutions qui
furent prises, vers la fin du règne du roi Louis-
Philippe, au sujet de ces ouvrages, désarmés en
1816 et laissés depuis lors dans le plus complet
abandon.

Pendant tout le reste de l'année 1810 et le courant de l'année 1811, le *Renard* fut activement employé sur les côtes de Toscane et de Ligurie. Son service s'étendait jusqu'aux îles d'Elbe et de Corse; il consistait principalement dans la protection des convois. Au mois de juillet 1811, le *Renard* se balançait tranquille sur ses ancres dans le port de Gênes. Le vent soufflait avec violence du sud-ouest. Que signale donc le sémaphore du cap Noli? Le sémaphore signale un corsaire anglais à cinq ou six lieues de terre. Le capitaine Baudin prend à l'instant ses dispositions pour l'appareillage. « Allez-vous sortir par un temps pareil? lui crie le commandant de la *Pénélope,* frégate mouillée à côté du *Renard.* — Soyez tranquille, répond Baudin, je connais mon brick. » Par le travers du cap Noli, le vent passe au nord-est et la mer tombe subitement. A quatre heures du matin, le *Renard* était devant la baie de Finale. Le corsaire s'y trouvait aussi : il avait mis ses embarcations à la mer, et déjà deux des navires mouillés dans la baie étaient amarinés. Le *Renard* approchait comme un fin matois, déguisé de son mieux sous pavillon anglais. — N'oubliez pas que la ruse est permise : si jamais elle cessait de l'être, — la conscience publique est devenue si

méticuleuse, — il ne faudrait pas négliger de le
dire. Il était tellement rare, à cette époque, de ren-
contrer un navire de guerre français à la mer, que
l'apparition du *Renard*, masqué sous ses fausses
couleurs, n'interrompit en aucune façon les opérations du corsaire. Cependant, quand le *Renard* fut
à portée de canon, la méprise pour un œil exercé
cessa d'être possible. Changement complet de ta-
bleau : le corsaire abandonne ses embarcations,
ses prises, déploie toutes ses voiles et prend chasse
vers Toulon, espérant attirer l'ennemi du côté où
veille d'habitude la croisière anglaise. La brise était
fraîche du nord-est : les deux navires, courant vent
arrière, filaient de dix à onze nœuds. A midi, après
huit heures de chasse, la distance qui les séparait
n'avait pas varié d'une encablure. Le capitaine
Baudin se souvint que le *Renard* marchait généralement mieux la nuit que le jour. D'où pouvait
provenir cette différence? D'une répartition plus
favorable des poids? Rien ne coûtait d'essayer.
L'équipage reçut l'ordre de prendre les hamacs aux
bastingages, de les pendre dans le faux-pont et de
se coucher. Soudain, le brick s'élança en avant : à
trois heures de l'après-midi, il joignait le corsaire
à portée de pistolet. Au premier coup de semonce,

l'Anglais amena son pavillon. Le *Renard* venait de s'emparer du fléau de la côte, du *Three Brothers*, corsaire de dix canons et de cent hommes d'équipage, armé à Malte.

CHAPITRE XI.

COMBAT DU BRICK « L'ABEILLE », COMMANDÉ PAR L'EN-
SEIGNE DE VAISSEAU DE MACKAU, ET DU BRICK ANGLAIS
L' « ALACRITY ». — COMBAT DU BRICK « LE RENARD »,
COMMANDÉ PAR LE LIEUTENANT DE VAISSEAU BAUDIN,
ET DU BRICK ANGLAIS LE « SWALLOW ».

La nouvelle génération commençait à faire parler d'elle. Le 26 mai 1811, un brick anglais, l'*Alacrity*, paradait devant Bastia; le brick français *l'Abeille* sort du port et enlève ce navire ennemi en moins de trois quarts d'heure. Qui commandait *l'Abeille?* Un adolescent, presque un enfant, laissé par son capitaine, que le télégraphe venait d'appeler brusquement à Paris, en possession d'un commandement qui semblait aussi bien au-dessus de son âge qu'au-dessus de son grade[1]. Charles Baudin n'était

[1] Rapport du combat du brick de Sa Majesté *l'Abeille* avec le brick anglais l'*Alacrity*.

A S. Exc. le Ministre de la marine et des colonies.

« J'ai l'honneur de rendre compte à Votre Excellence de l'en-

pas d'humeur à rester en arrière d'Armand de Mackau. Le combat du *Renard* contre le *Swallow* fut
la réplique à la prise de l'*Alacrity*.

gagement qui a eu lieu le 26 mai 1811 dans le canal de la Corse
entre le brick de Sa Majesté *l'Abeille*, que je commande provisoire-
ment, et celui de Sa Majesté Britannique l'*Alacrity*, capitaine Palmer.

« Le 26, au soleil levé, j'aperçus un brick sous le cap Saint-André :
je le présumai être un de ceux de Gênes. Je lui fis des signaux de
reconnaissance à six milles de distance, il n'y répondit pas. Je hissai
alors mon pavillon en l'assurant d'un coup de canon aux cris des
braves de l'*Abeille*. J'ordonnai le branle-bas de combat. Les vents
étaient à l'est, l'ennemi venait sur moi vent arrière, étant exacte-
ment est et ouest l'un de l'autre. Je faisais ralinguer mes voiles
afin de ne pas faire de chemin et d'être toujours en position de l'enfiler
de l'avant à l'arrière s'il continuait sa route. Ce que j'avais prévu
arriva. Il vint, et courant en dépendant, il vint prendre nos eaux.
Aussitôt qu'il y fut, je gouvernai près et plein, et ayant gagné le
vent à l'ennemi, je le prolongeai à contre-bord au vent ; je ralinguai
derrière, et lui passant à poupe, je lui envoyai une volée à bout tou-
chant. Je pris ensuite les mêmes amures que lui et continuai à le
combattre par sa hanche de dessous le vent, à quart de portée de
pistolet. Au bout de vingt minutes, l'*Abeille* avait couru de l'avant et
le canonnait par son bossoir de tribord ; il ralingua pour me passer
à poupe, je m'en aperçus, et arrivant en même temps que lui, je continuai à le canonner par tribord avec le feu le mieux nourri. Ne
pouvant plus tenir le travers, il arriva ; je ralinguai partout, lui
envoyant deux volées en poupe, et il amena son pavillon.

« Il faudrait, pour citer à Votre Excellence les braves de l'*Abeille*,
vous nommer tout l'équipage.

« C'est aux soins constants de l'enseigne de vaisseau Fortou que
nous avons dû notre grande activité d'artillerie.

« C'est à l'attention continue de l'enseigne Montaulieu que je dois
la primauté de mes manœuvres.

« L'aspirant de 1re classe Pujol a rivalisé avec eux d'audace et
de bravoure.

« Les maîtres m'ont été d'un grand secours.

« Dans les premiers jours de juin 1812, nous raconte l'auteur des précieux souvenirs où revit toute une marine depuis près d'un demi-siècle dis-

« L'*Alacrity* est armé de vingt caronades de 32, et l'*Abeille* de vingt caronades de 24. L'équipage de l'*Alacrity* était aussi nombreux que celui de l'*Abeille*.

« L'*Alacrity* a eu 15 hommes tués et 20 blessés.

« L'*Abeille* 7 tués et 12 blessés, mais cette dernière a toujours combattu dans les positions les plus favorables.

« Le commandant de l'*Abeille*. Signé : DE MACKAU.

« Devant Bastia, 26 mai 1811, jour du combat. »

Il ne sera pas inutile, je pense, de compléter ce rapport, si modeste dans sa brièveté, par la relation de l'historien anglais William James.

« Le 26 mai, au point du jour, écrit James, le brick anglais de dix-huit canons l'*Alacrity*, — seize caronades de 32 et deux canons de 6, — capitaine Nesbit Palmer, se trouvait en croisière devant le cap Saint-André, — île de Corse. — Il soufflait alors une jolie brise d'est. L'*Alacrity* aperçut à six milles sous le vent un grand brick de guerre et lui donna sur-le-champ la chasse. Ce brick était l'*Abeille*, armé de caronades de 24 et commandé par le lieutenant de vaisseau provisoire Ange-René-Armand de Mackau. Dès qu'il eut reconnu dans le navire qui le chassait un navire de sa force, le lieutenant de Mackau hissa ses couleurs en les assurant par un coup de canon. L'*Abeille* manœuvra habilement. L'*Alacrity* eut à essuyer une ou deux volées d'enfilade. Le brick français s'occupa ensuite de gagner l'avantage du vent. Il y réussit et prolongea son adversaire à contre-bord; puis il laissa porter, et, rangeant de près la poupe de l'*Alacrity*, l'enfila encore une fois. L'*Abeille* prit alors, en serrant le vent, les mêmes amures que l'*Alacrity*, l'engagea sous le vent et se maintint dans sa hanche. Son feu balayait ainsi le pont du brick anglais, qui pouvait à peine disposer d'une pièce pour y répondre. Le gréement de l'*Alacrity* fut bientôt haché et le brick tomba peu à peu par le travers de l'*Abeille*. Il put alors riposter par quelques coups aux volées qu'il n'avait cessé jusque-là de recevoir; mais l'*Abeille* sut se soustraire rapidement à cette position

parue, j'escortais un convoi de trente-trois voiles destiné pour Marseille. J'étais parvenu à la hauteur des îles de Lérins, ayant été sans cesse harcelé, depuis ma sortie de Gênes, par une division composée du vaisseau l'*America* de soixante-quatorze, de la frégate le *Curaçao* de quarante-quatre et du brick de vingt le *Swallow*. J'avais pour me seconder la goëlette *le Goëland,* de six bouches à feu, commandée par un lieutenant de vaisseau, M. de Saint-Belin, émigré rentré en France depuis quelques années. Nous avions appareillé des îles de Lérins au commencement de la nuit avec notre convoi : la division anglaise, dont le *Swallow* formait l'avant-

désavantageuse : il fila de l'avant et alla se placer par le bossoir de tribord de l'*Alacrity*. Le brick anglais, se voyant pris d'écharpe, mit toutes ses voiles sur le mât dans l'intention de passer à poupe de l'*Abeille*. Le capitaine de Mackau déjoua cette manœuvre, en laissant arriver à son tour. Les deux bricks continuèrent de se canonner bord à bord pendant quelques minutes. Le fâcheux état dans lequel se trouvaient les voiles et le gréement de l'*Alacrity* fit abattre ce bâtiment en travers. L'*Alacrity* restait, de cette façon, l'arrière complétement exposé à la bordée de l'*Abeille*. Dans cette situation, le brick anglais, ayant eu tous ses officiers tués ou obligés de quitter le pont, amena ses couleurs, trois quarts d'heure environ après le commencement de l'action.

« Nous devons rendre justice, ajoute en terminant l'historien anglais, aux officiers et à l'équipage de l'*Abeille*. Ils firent leur devoir comme de braves gens et comme de bons marins. La preuve qu'ils étaient braves, c'est qu'ils traitèrent leurs prisonniers avec égards et humanité. »

garde, nous poursuivait. Je conçus le projet de couper ce brick du reste de sa division et de l'enlever dans l'obscurité. J'envoyai chercher Saint-Belin et je lui donnai mes instructions. Le calme qui survint empêcha l'exécution de mon projet. Quand le jour se fit, la division ennemie était bien ralliée. Je ne m'occupai plus que de faire filer mon convoi vers Saint-Tropez : à midi, je l'avais mis en sûreté. En ce moment, la brise fraîchit du large. Le brick ennemi s'était avancé à une certaine distance de ses deux conserves; je voulus encore une fois tenter de l'enlever avant qu'il pût être secouru, et je me portai à sa rencontre. Virant de bord vent devant, je lui passai à poupe, à portée de pistolet : je me trouvai ainsi au vent à lui sur l'autre bord. Si j'avais été seul, je n'aurais pas hésité à l'aborder, mais je ne voulais pas, mon devoir étant d'assurer avant tout le succès, négliger l'assistance du *Goëland*, qui faisait force de voiles pour venir à mon aide. Par malheur, la barre de gouvernail du *Goëland* venait d'être coupée par un boulet. Pendant qu'on mettait en place la barre de rechange, j'échangeais avec le *Swallow* un feu très-vif. Je n'avais que deux officiers : l'un d'eux, l'enseigne de vaisseau Charton, fut blessé à mort; moi-même, je reçus à l'épaule droite un biscaïen qui m'y fit une blessure très-douloureuse. La commotion fut telle dans toute la poitrine, que le sang me vint à flots à la bouche. Je continuai cependant de commander la manœuvre. J'allais donner l'abordage, sans attendre le *Goëland*, lorsque le *Swallow*, qui était sous le vent à moi, laissa arriver tout plat vent arrière, en me présentant la poupe. Avant que je pusse le suivre, il eut le temps de virer de bord lof pour lof, et de mettre le cap sur sa frégate. Ma mâture et mon gréement étaient hachés : j'avais quarante-deux hommes sur cent huit hors de combat; il ne me restait d'autre parti à prendre que d'entrer à Saint-Tropez pour y rallier mon convoi et pour réparer mes avaries. Le *Swallow,* de son côté, fut rejoint par l'*America* et par le *Curaçao*. Il fit ensuite route pour Malte.

« Il était à peu près trois heures de l'après-midi lorsque j'entrai à Saint-Tropez. Nos blessés furent transportés sur-le-champ à terre ; je restai à bord, quoique souffrant cruellement de ma blessure. Vers le soir, la crise nerveuse devint extrêmement intense ; mes muscles se contractaient, mes dents se serraient, un engourdissement général gagnait tous mes membres. A ces symptômes, je reconnus l'approche du tétanos, dont j'avais été déjà menacé lorsque je perdis le bras sur la *Sémillante*. Je me fis préparer un bain de lessive ; cette décoction alcaline eut pour effet de calmer aussitôt l'agitation nerveuse. Trois jours après j'étais debout. »

L'historien de la marine anglaise, William James, n'a pas passé cette affaire sous silence. Sa version diffère peu du récit de l'amiral Baudin ; la prétendue intervention du *Goëland* y joue seulement un rôle destiné à justifier la retraite du capitaine Sibly, qui paraît, du reste, avoir été un officier de cœur et de mérite. L'engagement à portée de pistolet dura, suivant James, quarante minutes. « Le *Swallow,* dit l'historien anglais, avait beaucoup souffert dans ses voiles, son gréement, sa mâture et sa coque. Sur un équipage de 109 hommes présents à bord, il eut 6 hommes tués et 17 blessés. La perte du *Renard* fut de 14 hommes tués et de 28 blessés, y compris son brave commandant, atteint au moignon du bras que, quelques années auparavant, il avait honorablement perdu. L'armement du *Renard* consistait en 14 caronades de 24 et deux canons longs de 6. Le *Swallow*, commandé par le capitaine Reynolds Sibly, portait 16 caronades de 32 et deux canons longs de 6. »

CHAPITRE XII.

Le *Renard* n'était plus un commandement qui convînt au jeune officier que l'Empereur, à la nouvelle de ce beau combat, s'était, par un décret daté de Smolensk, hâté de nommer, le 22 août 1812, capitaine de frégate. On eût pu se borner à donner au nouveau promu une corvette : on fit grandement les choses; on lui donna une frégate, *la Dryade*. Cette frégate de quarante-quatre canons, construite sur les plans de M. Sané, par un ingénieur de haut mérite, M. Boucher, venait d'être lancée à Gênes. Les améliorations de détail dont on l'avait dotée, à la demande et d'après les observations du capitaine Baudin, la rendaient fort supérieure à tous les navires du même rang que possédait alors la France. Ainsi, la muraille du gaillard d'avant fut entièrement fermée, ce qui n'avait encore eu lieu pour aucune de nos frégates. La chaloupe descendait par un long panneau dans la batterie ; on supprima le panneau et l'on fit reposer la chaloupe sur le pont. La batterie resta de cette façon complétement dégagée. L'arrière fut disposé de manière à laisser un jeu facile aux pièces de retraite ; les sabords de chasse furent percés parallèlement à la quille. Tout fut sacrifié, en un mot, au bon service de l'artillerie. Commencé dans les premiers jours de novembre 1812, l'armement ne fut terminé qu'au mois de mai 1813. L'état-major se composait des lieutenants Gicquel-Destouches et Bellet, des enseignes Vieillard et Parseval-Deschènes, de dix aspirants dont un seul était Français, — les neuf autres avaient vu le jour à Gênes. L'équipage comprenait trois cent vingt-trois hommes : vingt-cinq seulement appartenaient aux départements de l'ancienne France, le reste venait du Piémont, de la Ligurie ou de la Toscane.

Il y a dans la vie d'un navire deux moments solennels : le jour où il descend des chantiers et le jour où il sort pour la première fois du port. Il ventait grand frais, le port était encombré : le commandant de la *Dryade* fit virer à pic, établir les huniers. L'appareillage semblait scabreux. Com-

ment allaient s'en tirer ces jeunes marins génois
dont la plupart n'avaient jamais navigué que sur
un bâteau de pêche? Vingt-cinq marins du *Renard*,
restés attachés à la fortune de leur capitaine, étaient,
par bonheur, venus apporter à bord de la *Dryade*
les habitudes d'ordre et de silence du vaillant équipage dont la baie de Saint-Tropez garde encore le
souvenir. Tout se passa bien. La *Dryade* pivota
sur elle-même, circula sans encombre au milieu
des navires et des bateaux semés sur sa route, puis
alla compléter l'instruction de ses marins novices à
la mer.

En temps de guerre, les équipages se forment
avec une rapidité surprenante : les exercices se
prennent au sérieux et le zèle est d'autant plus
grand qu'il a sa raison d'être. Un excellent esprit se
developpa immédiatement parmi ces Français de
date si récente : ils se sentaient fiers de servir sous
un capitaine que les autres navires leur enviaient.
L'habitude qu'ont eue si longtemps les marins
de Gênes de ramer dans des embarcations, quelquefois pendant des journées entières, pour se
soustraire à la poursuite des pirates barbaresques,
les a rendus les premiers canotiers du monde.
L'amiral Baudin cite une traversée de vingt lieues

marines accomplie à l'aviron entre la Spezzia et Gênes, par un des canots de sa frégate, dans l'espace d'un jour et d'une nuit.

Au mois de juin 1813, le commandant de la *Dryade* reçut l'ordre de rallier à Toulon l'escadre du vice-amiral Émériau. Il partit de Gênes accompagné du *Renard*. Un vaisseau ennemi essaya de lui barrer la route et le contraignit à chercher un refuge dans le port de Villefranche. Le 16 juin, jour anniversaire du combat du *Renard* et du *Swallow,* l'équipage du brick offrit un repas aux camarades qui avaient suivi le capitaine Baudin à bord de la *Dryade.* Le pavillon que portait le *Renard* le jour du combat fut arboré dans la salle du festin, tout criblé de trous de boulets et de trous de mitraille. La fête fut très-gaie : sur le soir seulement, lorsque vint l'heure de se séparer, les marins de la *Dryade* voulurent emporter le pavillon. Les marins du *Renard* prétendirent le garder. Une lutte s'ensuivit, et le pauvre pavillon fut mis en lambeaux : chacun en emporta un morceau dans sa poche. Glorieuse relique bien faite pour servir de talisman à des braves.

Le 18 juin, la *Dryade* jetait l'ancre en rade de Toulon : vingt vaisseaux de ligne et neuf frégates s'y trouvaient rassemblés. L'escadre était mouillée sur trois lignes. Quatre frégates avaient leur poste à l'avant-garde, sur la rade des Vignettes; les cinq autres occupaient le mouillage compris entre la grosse Tour et l'Éguillette. Chaque vaisseau ou frégate possédait son corps mort muni de deux embossures. Quelle que fût la direction du vent, l'appareillage était, grâce à ces précautions, assuré. L'escadre exécutait souvent ce mouvement toute à la fois : elle revenait de même au mouillage, trente navires se croisant, se mêlant, se pressant dans un étroit espace et venant reprendre leurs corps morts avec une précision vraiment remarquable. C'était la manœuvre de chaque jour : par conséquent, elle se faisait bien. Le dimanche, on restait généralement au mouillage; l'amiral, à midi, réunissait les capitaines en conférence à bord de son vaisseau. La conférence terminée, on avait congé jusqu'au soir : les exercices et les appareillages recommençaient dès le lendemain.

Ainsi se passa la dernière moitié de l'année 1813. L'ennemi se montrait rarement en force sur la côte. Cependant, l'ordre d'éviter un engagement était tellement précis, que jamais l'escadre ni aucune de ses divisions ne passait une nuit à la mer. L'Empereur ne voulait plus de ces catastrophes qui, au sein des prospérités d'un règne encore sans nuages, avaient assombri sa fortune; les épreuves de la guerre étaient réservées aux frégates qu'on se disposait à lancer dans toutes les mers du globe. Là se formeraient, par une vie d'aventures, de jeunes capitaines auxquels on confierait, le jour de rentrer en lice venu, la défense du pavillon. Cette politique était sage et digne du grand homme qu'un fond de bon sens finissait toujours par ramener, après de dangereux écarts, dans le chemin de la vérité.

Malheureusement, pendant que nos escadres se reformaient à Toulon et à Brest, nos bataillons perdaient chaque jour du terrain en Allemagne. « Bientôt, écrit le brave amiral Baudin avec une émotion que trente-trois années de paix n'ont pas affaiblie, nous apprîmes que nos armées avaient repassé le Rhin. Le territoire de la France, que nous étions habitués à considérer comme inviolable, était envahi! » Nous l'avons revue, l'heure sinistre. Je ne crois pas qu'elle ait, à l'époque de nos derniers revers, causé la stupeur qui frappa, il y a soixante-quatorze ans, ces vétérans accoutumés de si longue date à la victoire. Dans nos récentes épreuves, nous sentions une Europe bienveillante

derrière nous; la France pouvait se dire qu'un instinct général de conservation prendrait tôt ou tard
sa cause en main : en 1814, c'était le monde entier
qui s'avançait en armes pour nous dépecer, pour
nous ravir même les nouvelles conditions d'existence que nous avions achetées au prix de flots de
sang. La lutte devait prendre tous les caractères du
désespoir. Ce désespoir n'eut pourtant sa pleine
énergie que sous le drapeau : les populations
étaient harassées, et la marée ennemie monta comme
sur une plage. Le maréchal Masséna commandait
dans le Midi en qualité de lieutenant de l'Empereur.
Il avait son quartier général à Toulon. Sur-le-
champ, il donna des ordres pour qu'on mît en état
de défense les abords de la place. Quelle occupation
pour le vainqueur de Zurich et quel amer emploi
réservé par le sort à ses vieux jours! Toutes les
nations ont connu de ces retours de fortune : aucune n'a éprouvé le double deuil de voir s'écrouler
à la fois la puissance nationale et l'idole radieuse
qui la symbolisait. Il a fallu au peuple français une
vitalité singulière pour qu'il ait résisté à une pareille secousse. Néanmoins, — je l'ai vu dans mon
enfance et j'en ai gardé un profond souvenir, — il
devait se passer bien des années avant qu'un franc

sourire éclairât tous ces vieux visages noircis par la fumée de la poudre : le trait de l'invasion avait atteint la France militaire en plein cœur.

Une partie des marins de l'escadre, détachée à terre par l'amiral Émériau, travaillait aux fortifications; d'autres étaient employés à établir des camps retranchés, dans le voisinage des Sablettes et de la rade du Brusc, au fond de la baie de Saint-Nazaire. Toulon craignait un débarquement! Toulon, cependant, demeurait encore pour nos forces navales un asile plus sûr que Gênes. Il était bien évident que l'Italie nous échappait. Par un dernier effort, Gênes avait armé le vaisseau *le Scipion;* il fut décidé qu'on essayerait d'amener sous escorte ce vaisseau à Toulon : laissé à Gênes, il serait infailliblement tombé entre les mains de l'ennemi. Trois vaisseaux et trois frégates, demandés à l'escadre, furent désignés pour cette dangereuse mission. Les vaisseaux étaient : le *Sceptre,* de quatre-vingts, portant le pavillon du contre-amiral Cosmao; le *Trident* et le *Romulus,* de soixante-quatorze, commandés par les capitaines Bonamy et Rolland. Les frégates de quarante-quatre *la Médée, la Dryade* et *l'Adrienne* complétaient la division; elles avaient été choisies parmi les meilleures marcheuses

Le contre-amiral Cosmao, ce survivant de Trafalgar, que nos matelots appelaient *Va de bon cœur,* partit de Toulon le 12 février 1814. Le 13, au point du jour, la division se trouvait à sept ou huit lieues au sud de l'anse d'Agay. Deux frégates ennemies seulement étaient en vue : la *Médée* et la *Dryade* leur donnèrent la chasse. Une heure après, apparaissaient tout à coup seize autres voiles. L'escadre du vice-amiral sir Edward Pellew, qui n'avait pas encore gagné devant Alger son titre de lord Exmouth, venait du sud-ouest, les voiles gonflées, s'interposer entre la division française et Toulon. Continuerait-on la route sur Gênes? Tout dépendrait du vent. Il faisait calme plat. Vouloir gagner Gênes avec des vents contraires serait s'exposer à une chasse prolongée dans laquelle les mauvais marcheurs tomberaient très-certainement au pouvoir de l'armée anglaise. Rétrograder vers Toulon amènerait presque aussi sûrement une rencontre : on aurait du moins l'avantage de ne pas s'être dispersé et d'obliger l'ennemi à s'avancer en force. Quant à chercher refuge sous les batteries du golfe Jouan, ou sous les batteries des îles d'Hyères, personne n'y songeait. Pareilles batteries, mal servies, incomplètes, ne pouvaient avoir la prétention d'intimider une flotte de quinze vaisseaux, dont neuf étaient des vaisseaux à trois ponts.

Vers neuf heures du matin, la brise s'éleva de l'est-sud-est. L'amiral Cosmao prit à l'instant son parti. Il fit le signal de se former en ordre de marche sur deux colonnes : les vaisseaux au large, les frégates à terre, puis il mit le cap sur Toulon. Les vaisseaux ennemis, de leur côté, s'étaient rangés en ligne, le plus promptement possible, par ordre de vitesse. Ils couraient sur la côte, avec l'intention évidente de couper la route à la tête de notre division.

Un peu avant midi, Anglais et Français se trouvèrent à portée de canon. L'amiral Cosmao, sur le *Sceptre*, conduisait son escadre : il passa le premier, sans être inquiété. Le second vaisseau de la colonne de gauche, le *Trident*, reçut à bonne distance, mais sans grand dommage, le feu du *Boyne*, vaisseau à trois ponts de quatre-vingt-dix-huit canons, commandé par le capitaine George Burlton. Le *Boyne* était le chef de file de la colonne anglaise : il coupa notre ligne à l'arrière du *Trident*, et se dirigea tout droit sur la *Dryade*. « Je m'attendais à recevoir la volée du *Boyne*, écrit l'amiral Baudin, je fis mettre mon équipage à plat-pont.

Seuls, les chefs de pièce restèrent debout, avec
ordre de se coucher aussi dès qu'ils auraient tiré.
Au moment où le *Boyne* ouvrit son feu sur nous, je
m'avançai au pied du grand mât et je dis à l'équipage, au milieu d'un profond silence : « Mes amis,
je vous fais mettre à plat-pont pour un vaisseau de
cent canons. Vous ne vous y mettriez pas pour une
frégate, n'est-ce pas? — Non! non ! commandant »,
s'écria-t-on de toutes parts. Beaucoup voulaient
se relever : les officiers eurent quelque peine à les
contenir. Le *Boyne* approchait rapidement : il fit
une embardée et nous envoya sa volée tout entière,
à portée de fusil. La volée passa, en sifflant, dans
le gréement : pas un homme ne fut tué ou blessé.
L'*Adrienne* ne s'en tira pas si heureusement; le
Boyne, en se repliant, la salua d'une décharge entière : huit hommes restèrent sur le carreau. »

La division française serrait de si près la terre
que les Anglais ne l'attaquaient pas avec la vigueur
qu'ils auraient montrée sans doute s'ils n'eussent
été retenus par la crainte de s'échouer. Le *Romulus,* cependant, assez mauvais marcheur, demeurait peu à peu en arrière. Il existait déjà un grand
intervalle entre ce vaisseau et le *Trident.* Le *Boyne*
ne pouvait plus rien contre le *Trident,* rien contre

les frégates; il entreprit d'arrêter le *Romulus*. Trois ou quatre autres vaisseaux anglais joignirent leur feu à celui du *Boyne*. Le capitaine Rolland fut blessé d'une mitraille à la tête : on l'emporta sans connaissance dans le faux-pont. Les officiers, par bonheur, tinrent ferme : l'un d'eux, le lieutenant de vaisseau Genebrias, prit le gouvernail. On donnait, en ce moment, dans la rade; le *Romulus* rasa le cap Brun de si près que son bout-dehors de bonnette faillit, assure-t-on, s'y accrocher. C'est du moins la tradition que se sont transmise de bouche en bouche les vieux marins dont le doux soleil de Provence réchauffe, sur le chemin de ronde du fort Lamalgue, les membres aujourd'hui engourdis.

Si brave et si entreprenant que fût un capitaine anglais, — je le répète pour la centième fois, — il ne se souciait jamais d'affronter le feu des batteries de côte. Le commandant du *Boyne* tint le vent, dès qu'il s'aperçut qu'avec la brise régnante il doublerait tout juste le cap Sepet. Le fort du cap Brun et le fort de Sainte-Marguerite auraient dû cependant lui apprendre, par leur majestueux silence, que les batteries françaises, loin de mordre, n'aboyaient même pas. Le combat avait lieu un dimanche : les

canonniers étaient allés se promener. L'amiral
Émériau expédia, pour servir les pièces délaissées,
des officiers, des matelots, des gargousses. Le
secours arriva trop tard. « Lord Exmouth, — je
transcris ici l'appréciation de l'amiral Baudin, sans
dissimuler que je la trouve peut-être un peu sévère,
— n'a pas, dans cette circonstance, fait preuve
d'une grande résolution. Il connaissait la situation
de notre escadre et l'état de faiblesse de ses équipages : il pouvait entrer dans la rade et s'en rendre
maître en y écrasant nos vaisseaux. Un coup d'une
telle audace n'allait pas à son caractère, plus actif
et plus ferme qu'entreprenant. Quand il vit que le
Boyne, serrant de très-près le *Romulus,* pouvait,
par suite de ses avaries, être obligé d'entrer, avec
son adversaire, jusque dans la rade de Toulon, il
passa sur le gaillard d'avant de son vaisseau, le
Caledonia, et fit, avec son chapeau, signal au capitaine du *Boyne* de serrer le vent et de s'éloigner.
Ce fut ce qui mit fin au combat. »

En pareille circonstance, demanderai-je à mon
tour, qu'aurait fait Nelson? Le souvenir de Copenhague l'eût-il encouragé ou y eût-il puisé cette cir-
conspection qui vient avec l'âge? Sir Samuel Hood
était maître de la rade de Toulon, quand il l'évacua

sous la menace des boulets rouges, laissant les malheureux habitants qu'il avait compromis livrés à toutes les vengeances de la Convention. L'honneur anglais coulait là, comme à Quiberon, par tous les pores, et pourtant Samuel Hood était, plus encore que Rodney, le vainqueur du grand combat de la Dominique. Nelson le tenait pour le premier officier de la marine anglaise; il ne prononce jamais son nom qu'avec l'admiration la plus profonde. La vérité, je crois, la voici : en 1814, on pouvait, sans une témérité excessive, entrer dans la rade de Toulon; il n'eût pas fallu s'y aventurer en 1812 et en 1813.

Il est des heures où les nations ne se défendent plus : les vaincus d'Iéna nous ont étonnés par leurs défaillances. Ce qu'il y a de plus triste pour un marin, c'est la pensée des réparations que, sans la chute de l'empire, nous réservait très-probablement la fortune. L'exemple des Américains nous indiquait clairement la voie à suivre; l'ascendant maritime insensiblement se déplaçait. Nous reprenions courage; l'ennemi, au contraire, perdait peu à peu la foi qu'il avait eue jusqu'alors dans la puissance irrésistible de ses armes. Quelques années encore, et il lui aurait fallu compter avec nous : les

Anglais, par malheur, ne cessèrent d'être invincibles sur mer que lorsque nos soldats cessaient, de leur côté, de former sur terre des bataillons invincibles.

CHAPITRE XIII.

« Entre les faisceaux d'armes tu te traînas, enfant, sur les genoux ; pour jouets, on te donnait les dépouilles des rois rapportées de la guerre... »

> Reptasti per scuta puer, regumque recentes
> Exuviæ tibi ludus erant...

Ainsi chantait Claudien ; ainsi nous entendrons chanter Victor Hugo. En 1814, ce ne sont plus les dépouilles des rois, ce sont les nôtres qui servent de hochets : l'empereur des Français, roi d'Italie, protecteur de la confédération du Rhin, est devenu le souverain de l'île d'Elbe ; le roi de Rome est à Vienne. Le 1ᵉʳ mars 1815, Napoléon, soudain, à l'effroi de l'Europe, par un de ces coups inattendus qui lui sont familiers, débarque au golfe Jouan. Que va faire la France ? La réponse de la France pourrait être douteuse ; celle de l'armée ne le sera

pas : l'armée acclame le capitaine qui lui rapporte
l'espoir de la victoire [1].

[1] « Ne parle donc pas de ces temps-là, me criait, indigné, mon
père, quand il y a quarante-cinq ou cinquante ans, mon dogma-
tisme raisonneur de jeune parlementaire se permettait, au sujet de
l'épopée impériale, quelques-unes de ces observations critiques qui
lui paraissaient aisément tourner au sacrilége. Est-ce que tu peux
savoir ce qu'était pour nous l'Empereur? » Ce qu'il était! Il faut le
demander aux souvenirs dont j'exprime ici la substance : il était
l'âme de la patrie, pour le fils du conventionel Baudin; il le fut
également pour ce fils d'émigré que l'amiral Baudin a su me faire
aimer comme il l'aima lui-même, dont je n'oserais cependant in-
scrire ici le nom sans avoir obtenu la complète certitude de me
trouver d'accord avec des sentiments de famille que j'entends avant
tout respecter.

Camille, — je puis au moins le désigner par son prénom, — a
été, après le lieutenant Moreau, l'ami le plus cher et le plus intime
de l'enseigne de vaisseau de la *Sémillante,* du futur capitaine de
la *Dryade* et de la *Bayadère.* Il appartenait à une famille qui a
donné à la marine de l'ancienne monarchie plusieurs officiers dis-
tingués : l'un d'eux figurait aux côtés de Duguay-Trouin lorsque
cet amiral força, en 1711, la passe de Rio-Janeiro. Emmené fort
jeune en Angleterre, dès les premiers jours de l'émigration, le descendant de cette noble race fut placé par le marquis, son père,
dans une école fondée à Clapham, près de Londres, pour l'éducation
des fils d'émigrés. L'école de Clapham comptait parmi ses patrons
Edmond Burke, l'ardent antagoniste de la Révolution. Il n'était
guère à craindre que le venin moderne pénétrât dans une maison
d'éducation aussi bien gardée. Le protégé d'Edmond Burke n'y
devint pas un révolutionnaire, un partisan des dangereuses nou-
veautés du jour : il sut toutefois se maintenir au-dessus des pré-
jugés et des haines que les ennemis de sa patrie s'efforçaient de
lui inspirer.

A la grande stupéfaction de ses maîtres, on l'entendit déclarer
un beau jour que, quels que pussent être les griefs de sa famille
contre la Révolution, il se sentait profondément attaché à la France
et qu'il voulait y retourner. Les lois contre les émigrés étaient

Le 7 mai 1815, le capitaine Baudin commandait en rade de l'île d'Aix la corvette de trente-deux

encore appliquées avec une extrême rigueur. L'écolier de Clapham dut prendre une voie détournée pour atteindre son but. Un de ses oncles habitait l'île de France : il partit d'Angleterre pour l'aller rejoindre. Un navire danois le conduisit au Cap de Bonne-Espérance. Du Cap, un autre navire l'emmène aux îles Seychelles. La petite frégate française *la Chiffonne* réparait là ses avaries. Le proscrit trouve place à bord. On allait partir : la *Chiffonne* est attaquée et prise par la frégate anglaise la *Sybil*, pendant qu'elle s'attardait à l'ancre dans le port sans défense de Mahé. Camille se jette à la mer et gagne l'île à la nage. Quelques semaines plus tard, le brick de guerre français *la Flèche* arrive, à son tour, sur cette rade que les Anglais négligeaient d'occuper, trouvant probablement plus avantageux de la surveiller de près. Le naufragé de la *Chiffonne* fait de nouveau accepter ses services : huit jours ne se sont pas écoulés que la *Flèche* est envoyée au fond de l'eau par une bordée de la frégate anglaise le *Victor*. Le rivage offre encore une fois un refuge à l'intrépide adolescent, qu'aucun incident ne déconcerte, qu'aucune épreuve n'a le don de rebuter.

Les aventures se succèdent : l'île de France par bonheur est au bout. Mais la paix d'Amiens vient d'être conclue : il n'y a plus de navires de guerre français dans les mers de l'Inde. Le jeune marin de la *Chiffonne* et de la *Flèche* s'embarque sur un navire de commerce. Il y apprend rapidement son métier : la rupture de la paix le trouve premier lieutenant à bord du corsaire de trente-deux canons *la Bellone*, corsaire commandé par le capitaine Péroud. La marine de l'État, à court d'officiers, se décide enfin à ouvrir ses rangs à un homme qui a bien conquis, ne fût-ce que par son obstination, le droit de s'y introduire. Camille est admis à bord de la frégate *la Sémillante* en qualité d'aspirant provisoire. Sur ce bâtiment, la fortune capricieuse rassemble ainsi deux serviteurs de la France partis des pôles les plus opposés : une amitié, demeurée inaltérable à travers toutes les vicissitudes de la politique, s'établit entre le fils du conventionnel et l'enfant grandi dans l'émigration.

« Dès que je connus Camille, écrit l'amiral Baudin, je m'attachai à lui. Ce qui faisait le fond de son caractère, c'était un ardent amour

canons *la Bayadère*. L'acte additionnel aux constitutions de l'Empire est soumis à la ratification du

du bien public, uni à une simplicité, à une modestie, à un désintéressement vraiment antiques. » Ajoutons qu'à une grande bravoure s'alliaient aussi chez le jeune héros un sang-froid extrême et une présence d'esprit qui ne l'abandonnait dans aucune occasion périlleuse. Un jour, le capitaine Hamelin, — Camille était passé de la *Sémillante* sur la *Vénus*, — attaque dans l'île de Madagascar le fort de Tamatave. Il fallait franchir un retranchement garni de palissades : devançant tous ses compagnons, l'ami de Charles Baudin se fraye un passage à travers les bambous. Il va prendre pied sur le parapet : un Malgache, d'un coup de sagaie, lui cloue sur la traverse la main gauche, un autre noir l'ajuste de son tromblon. D'un mouvement aussi prompt que l'éclair, Camille coupe avec son sabre les deux doigts engagés, baisse la tête : la charge du tromblon va tuer deux marins derrière lui. Distingué par les divers commandants sous lesquels il croisait sans relâche dans les mers de l'Inde, un prompt avancement récompensa ses services : ce fut comme lieutenant de vaisseau, comme chevalier de la Légion d'honneur, qu'il rentra, en 1811, dans cette France d'où sa famille l'avait emmené vingt ans auparavant comme émigré.

Cette France! fut-elle jamais aimée d'un patriotisme plus ardent et plus pur! En 1814, elle rendait à la famille proscrite un titre, une influence, des biens qui semblaient perdus sans retour. Camille ne trouva pas dans son cœur le courage de se réjouir d'un événement qui était la conséquence d'un grand désastre national. Il resta toujours aussi simple, toujours aussi bon camarade. On lui offrait le grade de capitaine de frégate, la croix de Saint-Louis, un commandement. Il répondit : « Je me trouve suffisamment récompensé de ce que j'ai pu faire par le précédent gouvernement. Si j'ai le bonheur de rendre encore quelques services à la France, le nouveau gouvernement saura sans doute aussi m'en tenir compte. » Camille est mort en 1829, lieutenant de vaisseau.

Qui prétendait donc que nous étions inférieurs aux Grecs et aux Romains? La France est le pays des surprises : elle sommeille quelquefois, comme le bon Homère; puis tout à coup elle s'éveille et étonne le monde. Si son sol fécond n'avait jamais connu de révolu-

peuple français : l'état-major et l'équipage de la *Bayadère* sont invités, avec tout le corps de la marine, à consigner leurs votes sur un registre. Voici la déclaration que le commandant Baudin dicte à ses officiers :

« Si la France, paisible et heureuse, pouvait sans craindre ni dissensions intérieures, ni invasion de l'étranger, discuter à loisir les institutions qui lui conviennent, aucune puissance au monde ne nous contraindrait à voter en faveur de l'acte qu'on nous propose aujourd'hui. Mais la patrie est en danger, l'Europe nous menace de toutes parts et le devoir de tous les vrais Français est de se rallier autour du chef du gouvernement, de faire cause commune avec lui contre l'ennemi commun. Nous donnons donc notre consentement à l'acte additionnel et nous faisons signer avec nous tous nos subalternes. Cependant, nous devons à notre honneur, nous devons à notre conscience de déclarer que nous sacrifions aujourd'hui notre opinion personnelle au salut de la France. Lorsque l'ennemi extérieur aura été repoussé, lorque tous les dangers qui menacent

tions, quelles destinées auraient été les siennes! Ce sont les révolutions qui la perdent. La meilleure des révolutions est toujours ce que je me permettrai d'appeler une grosse avarie dans le gouvernail.

notre existence politique seront écartés, nous nous réservons de réclamer des institutions plus complétement libérales. »

Enthousiasme des anciens jours, où t'étais-tu donc réfugié? Si tous les marins partageaient, à cette époque, l'opinion des officiers de la *Bayadère*, si la flotte, gagnée par la contagion générale, se montrait à ce point raisonneuse, c'en était fait de la marine de 1812. Napoléon revenu de l'île d'Elbe, accueilli dans Paris, ne devions-nous pas l'accepter tout entier, l'accepter avec ses ailes et avec ses serres? Lui rendre l'épée, le sceptre, et vouloir le charger d'entraves, était assurément la pire combinaison que pût nous suggérer notre humeur inquiète. Admirez cependant les contradictions humaines : le malheur va soudain rendre au vainqueur d'Austerlitz son auréole. Il est des cœurs qui ne résistent pas à la séduction de l'infortune ; le cœur du capitaine Baudin était de ceux-là. Après le coup de foudre de Waterloo et l'abdication de l'Empereur, le gouvernement provisoire s'était engagé à mettre à la disposition du souverain déchu deux frégates, la *Saale* et la *Méduse*. Ces frégates, mouillées en rade de l'île d'Aix, devaient transporter l'Empereur en Angleterre. Napoléon arrive à

Rochefort le 3 juillet. Il y trouve bien les frégates promises, mais non pas les sauf-conduits des gouvernements étrangers, garantie sans laquelle les frégates ne sauraient sortir du port : les passes de la Charente sont soigneusement gardées par les croiseurs anglais.

En ce moment, la *Bayadère,* détachée à l'embouchure de la Gironde, restait mouillée sur la rade du Verdon. L'Empereur, déjà inquiet des dispositions du gouvernement provisoire, charge le préfet maritime de Rochefort, M. le baron de Bonnefoux, de demander au capitaine Baudin s'il voudrait entreprendre de le conduire aux États-Unis. La réponse du commandant de la *Bayadère* mérite d'être textuellement reproduite.

« Monsieur le baron, écrit le capitaine Baudin, s'il ne s'agissait que de moi, de mon existence, de mon honneur même, je n'aurais pas eu besoin d'un seul instant de réflexion pour répondre affirmativement à la question contenue dans votre lettre d'hier soir. Mais il s'agit de sauver à un grand homme, à la France entière, l'humiliation qui serait le résultat d'un insuccès. J'ai donc dû peser mûrement toutes les chances de l'entreprise que vous me proposez, et je n'hésite pas à dire que je la crois possible et facile, que je suis prêt à m'en charger.

« Ni la *Bayadère* ni l'*Infatigable*, qui sont ici sous mes ordres, n'ont une marche supérieure ; le hasard met par bonheur en ce moment à ma disposition deux magnifiques navires américains, — le *Pike* et le *Ludlow*, — qui, par suite de la paix récemment conclue, se trouvent à mes côtés, au bas de la Gironde, tout prêts à faire voile pour les États-Unis. Tous deux ont, par leur rapidité extraordinaire, échappé, comme corsaires, à toutes les croisières anglaises, pendant la dernière guerre. Je les emmènerai avec moi et, s'il le faut, je mettrai l'Empereur à bord de l'un des deux. En cas de rencontre, je me dévouerai avec la *Bayadère* et l'*Infatigable* pour barrer passage à l'ennemi : je suis bien sûr de l'arrêter, quelque supérieur qu'il puisse être.

« J'ai d'ailleurs un moyen à peu près infaillible de détourner l'attention de la croisière ennemie et de dégager l'embouchure de la rivière : il n'existe qu'un seul cordon de croiseurs ; ce cordon une fois franchi, nous aurons la mer libre. Que l'Empereur se hâte donc de venir, dans le plus grand secret, avec le moins de suite et le moins de bagages possible : je l'emmènerai aux États-Unis. Il peut se fier à moi. J'ai été opposé de principes et d'action à sa tentative de remonter sur le trône, parce que je la considérais comme devant être funeste à la France, et certes les événements n'ont que trop justifié mes prévisions : aujourd'hui il n'est rien que je ne sois disposé à entreprendre pour épargner à notre patrie l'humiliation de voir son ancien souverain tomber entre les mains de notre plus implacable ennemi. Il y a seize ans, mon père est mort de joie en apprenant le retour d'Égypte du général Bonaparte : je mourrais moi-même aujourd'hui de douleur de voir l'Empereur quitter la France, si je pensais qu'en y restant il pût encore quelque chose pour elle. Mais il faut qu'il ne la quitte que pour aller vivre honoré dans un pays libre, non pour mourir prisonnier de nos rivaux. Comptez donc sur moi, monsieur le baron, et agréez l'assurance de tout mon respect. — *Bayadère,* rade du Verdon, 4 juillet 1815, quatre heures du matin. »

Cette lettre expédiée, le capitaine Baudin prit sur-le-champ les mesures nécessaires pour assurer l'exécution de son projet. L'embargo fut mis sur tous les navires qui descendaient la rivière. Le jour où la *Bayadère* appareillerait avec l'Empereur à son bord, liberté leur serait rendue : ils sortiraient probablement tous à la fois et partageraient ainsi l'attention de la croisière anglaise.

La rade du Verdon n'est pas à plus de quinze lieues de Rochefort. Dans la journée même arriva la réponse du baron de Bonnefoux : l'Empereur approuvait les propositions du capitaine Baudin et lui faisait savoir « qu'il n'avait qu'à l'attendre ». Le capitaine Baudin attendit. Un jour, deux jours, trois jours, huit jours se passèrent dans cette anxieuse attente ; quarante navires étaient retenus par l'embargo, la croisière anglaise grossissait tous les jours : le commandant de la *Bayadère* crut devoir expédier à Rochefort un courrier. En réponse, il reçut l'invitation de lever l'embargo. Le 11 juillet, au coucher du soleil, le vent étant favorable pour sortir par les trois passes du sud, de l'ouest et du nord, le signal qui affranchissait la flotte marchande de toute contrainte fut hissé. Les quarante navires mirent à la voile : chacun faisant route pour sa destination, ils se trouvèrent bientôt dispersés en éventail. Le *Bayadère* appareilla la dernière. Nul obstacle à l'horizon ; aussi loin que la vue pût s'étendre, la mer était libre : la croisière anglaise se montrait éparpillée, courant, pour les visiter, d'un navire à l'autre. La *Bayadère* aurait réussi à passer !

« Je revins à mon poste dans la nuit, poursuit le capitaine Baudin, et le lendemain matin, comme je descendais à terre, au Verdon, je rencontrai, se dirigeant vers la *Bayadère*, un bateau pêcheur qui portait un officier de marine. » Cet officier n'était autre que le général Lallemand déguisé. Le capitaine Baudin apprit par lui ce qui s'était opposé à l'adoption de son plan. Plusieurs des personnes qui entouraient l'Empereur mettaient tous leurs soins à le détourner d'aller aux États-Unis : elles jugeaient mal l'Angleterre et croyaient pouvoir garantir au nouveau Thémistocle un accueil honorable au foyer britannique. Le foyer britannique, ce n'était, — l'histoire ne l'oubliera pas, — qu'une étape sur la route de Sainte-Hélène. Le côté épique de cette détermination avait, il est vrai, quelque chose de séduisant pour l'imagination d'un homme qui, de Brienne à Waterloo, ne cessa jamais d'être poëte et de se rappeler ses classiques. Et puis, faut-il le dire? — le commandant Baudin, tout en se dévouant de la façon la plus absolue, ne se défendait peut-être pas assez de mêler à ses assurances de dévouement quelques paroles de blâme. On est impérieux aux Tuileries ; on devient facilement ombrageux à Rochefort. Mille doutes cruels assiégeaient l'esprit du malheureux souverain, qui se sentait d'avance livré par une fatalité implacable aux terreurs vindicatives de l'Europe : au dernier moment, un secret instinct le faisait reculer devant l'antre auquel ses plus fidèles amis le pressaient imprudemment de se confier.

Le général Lallemand avait mission d'étudier de nouveau les chances d'une évasion par la Gironde, car c'était bien, hélas! d'une évasion qu'il s'agissait alors pour ce victorieux qui tint pendant dix ans le monde sous ses pieds. « Pouvez-vous, voulez-vous toujours entreprendre ce que vous avez proposé il y a huit jours? » demande le général au capitaine Baudin. « Je le veux encore, répondit le commandant de la *Bayadère,* seulement, je le puis moins facilement qu'hier. C'est sur l'invitation de l'Empereur que je me suis démuni des moyens sur lesquels je comptais pour favoriser sa sortie ; je vais aller à Bordeaux m'en créer d'autres. Que l'Empereur vienne donc! Mais qu'il vienne sans cet entourage de quarante personnes qu'il traîne après lui. Qu'il vienne avec une malle, un valet de chambre, un ou deux amis, gens de tête et de cœur. Qu'il arrive en petite chaise de poste, demain matin, sans bruit. »

Le général Lallemand repartit sur-le-champ
pour Rochefort; le capitaine Baudin courut à Bordeaux chez le général Clauzel, qui commandait les
débris de l'armée française sur les bords de la
Gironde. A deux heures du matin, le capitaine et
le général se transportaient chez le consul américain, M. Lee. En quelques mots, Baudin expose le
motif de sa visite : il vient demander au consul de
l'assister dans son entreprise. Pour toute réponse
M. Lee lui saute au cou. Un navire américain
se trouvait dans le port; on fait venir immédiatement le capitaine : qu'il appareille sans perdre
un instant et aille, sur la rade du Verdon, se
mettre à la disposition du commandant de la *Bayadère.*

Tout était réparé : non! tout était perdu! En
rentrant à son bord, le capitaine Baudin apprend
que, la veille au soir, le commandant de la croisière anglaise, le commodore Aylmer, a passé sous
les forts de la côte de Saintonge sans recevoir un
seul coup de canon. Quatre frégates ennemies sont
mouillées à cette heure sur la rade de Royan : la
dernière chance de succès vient de s'évanouir! le
14 juillet, au matin, le comte de Las Cases et le
général Lallemand se rendent, par ordre de l'Em-

pereur, à bord du *Bellerophon*, pour y traiter avec le capitaine Maitland d'un embarquement qui devait être le salut et qui fut le prélude de la captivité la plus dure.

CHAPITRE XIV.

La France appartenait encore une fois aux Bourbons. Si les gouvernements comprenaient tout le prix de la fidélité, ils honoreraient et récompenseraient les fidèles, ne fût-ce que pour l'exemple : le capitaine Baudin fut placé en non-activité. Il avait déclaré que, fort de sa conscience, il ne pourrait accepter aucune marque de mécontentement. On le blâmait : il demanda sa mise à la retraite. A différentes reprises, le gouvernement de la Restauration fit engager l'ancien commandant de la *Bayadère* à reprendre du service ; Baudin persista dans son refus. En 1830, croyant ramener le roi de Rome aux Tuileries, le peuple de Paris prend les armes ; trois jours lui suffisent pour renverser du trône la plus vieille dynastie de l'Europe, — et ajoutons-le, car ce n'est que justice, — la plus libérale. Des complications extérieures semblaient

imminentes : le capitaine de frégate retraité rentra
dans la marine avec son ancien grade. Appelé presque aussitôt à prendre le commandement de la
corvette de trente-deux canons *l'Héroïne,* Baudin
ne tarda pas à montrer que quinze années de relâche ne lui avaient pas fait oublier son métier. Il
est vrai que, de ces quinze années, quatre s'étaient
passées entre le golfe du Bengale et le Havre, à commander deux navires de commerce, le trois-mâts
la Félicie et le brick *le Télégraphe.* Le 6 janvier
1834, le commandant de l'*Héroïne* était nommé
capitaine de vaisseau. Je me trouvais alors dans le
Levant, embarqué avec le capitaine Lalande sur le
vaisseau *la Ville-de-Marseille :* on y parlait beaucoup de l'escadre d'évolutions rassemblée aux îles
d'Hyères sous les ordres du contre-amiral Massieu
de Clerval. Dans cette escadre, un vaisseau se faisait
remarquer par son excellente tenue, par le soin que
ses officiers mettaient à le maintenir, dans toutes les
évolutions, à son poste. Ce vaisseau était le *Triton,*
commandé par le capitaine Baudin. Quand on manœuvre sous les yeux d'une centaine d'officiers et
d'aspirants, sans compter les yeux des envieux, on
gagne pour ainsi dire en champ clos sa réputation.
Du 7 avril 1834 au 11 mars 1836, le *rentrant*

subit à sa gloire la délicate épreuve; la marine du gouvernement de juillet n'hésita plus à mettre ses plus chères espérances dans cette épave de la marine de 1812.

Après le commandement du *Triton,* vint le commandement du *Suffren*, un énorme vaisseau de quatre-vingt-dix canons, type nouveau destiné à remplacer les constructions de M. Sané. On prétend qu'Épaminondas, chargé de faire balayer les rues de Thèbes, ne trouva pas l'office au-dessous de sa dignité : le capitaine Baudin, sur le *Suffren*, fut, pendant plus d'un an, occupé à transporter des troupes de Toulon en Algérie. L'hiver fut rude, les luttes, pour un si gros vaisseau, quelquefois périlleuses, la mission sans charme; le commandant du *Suffren* fit bravement son devoir, sans faste aussi bien que sans murmure. Le 28 avril 1838, il était nommé contre-amiral : l'expédition du Mexique l'attendait. Le 13 août, il en prit le commandement.

CHAPITRE XV.

LE MEXIQUE EN 1838. — LE BLOCUS DE VERA-CRUZ ET
LES PROJETS D'ATTAQUE DU COMMANDANT BAZOCHE.

La génération actuelle n'a probablement gardé
aucun souvenir de la succession de révoltes qui
aboutit, après des luttes opiniâtres et sanglantes, à
l'affranchissement des colonies espagnoles. La
perte du Mexique fut surtout sensible à l'Espagne :
à diverses reprises, des efforts furent tentés pour
recouvrer une possession qui donnait à la métro-
pole accès sur deux mers et lui assurait annuelle-
ment un revenu de 20 millions de piastres. Une
partie des armées qui avaient fait, non sans gloire,
la guerre de la Péninsule, s'usa dans ce long con-
flit ouvert en 1810 par l'insurrection du curé
Hidalgo et terminé, le 11 septembre 1820, par la
capitulation du général espagnol Baradas, à l'embouchure de la rivière de Tampico. Le général
mexicain Santa-Anna, gouverneur de Vera-Cruz,

avait été le premier à prendre les armes contre cette
suprême tentative d'invasion : les sympathies de
l'armée et du clergé l'investirent de la dictature.
En dépit de quelques convulsions passagères, on
peut dire que Santa-Anna, tantôt sous son propre
nom, tantôt sous le nom de ses créatures, exerça
pendant près de vingt ans un pouvoir absolu sur
ce vaste territoire de deux millions trois cent qua-
rante-six mille six cent vingt et un kilomètres carrés,
le cinquième de l'Europe, et quatre fois au moins
la superficie de la France, territoire où vivait dispersée, avec de longs intervalles de déserts, une
population de neuf millions environ d'habitants.

Sans avoir plus qu'une autre le goût de l'anarchie, cette population en avait pris peu à peu l'habitude. Elle vivait tiraillée entre le centralisme et
le fédéralisme. Les étrangers établis au Mexique
auraient désiré un régime moins irrégulier : ils se
plaignaient, avec vivacité, des exactions que les
partis en lutte leur faisaient subir, et plus d'une
fois des demandes d'indemnités furent présentées
au parti qui détenait momentanément le pouvoir.
Les Mexicains répondaient invariablement : « Nous
sommes une nation en révolution ; nous subissons
toutes les conséquences de l'état révolutionnaire :

les émeutes, les exactions, les jugements iniques, les pillages, les assassinats. Les étrangers qui sont venus s'établir sur notre sol se sont volontairement, de leur plein gré, exposés à toutes les conséquences d'un tel état de choses; ils n'ont point le droit de se plaindre de les avoir subies. S'il fallait les indemniser, le trésor mexicain n'y suffirait pas. »

Ne pouvant réussir à faire écouter ses réclamations, le gouvernement français prit le parti de rompre : le blocus des côtes du Mexique fut déclaré en 1837. En deux mois, le trésor mexicain se vit privé de 10 millions de francs que lui auraient payés, sous forme de droits de douane, les navires arrêtés par la croisière française. La république perdait ainsi sa principale source de revenus : le pays ne s'en montra pas ému outre mesure. Deux frégates et deux bricks se trouvaient alors réunis dans les eaux de Vera-Cruz, sous les ordres du capitaine de vaisseau Bazoche, montant la frégate de soixante canons *l'Herminie*. Le ministre de France, le baron Deffaudis, crut devoir, le 23 mai 1838, exposer au commandant Bazoche la situation telle qu'il l'envisageait après un essai de blocus suffisamment prolongé pour qu'on pût en mesurer les effets. « La question politique, lui écrivait-il, de savoir si une attaqne victorieuse de votre division, sur la forteresse d'Ulloa, ne serait pas plus favorable qu'un simple blocus à la terminaison de nos différends avec le Mexique, aussi bien qu'à la sécurité de nos nationaux résidant encore dans ce pays, me semble devoir se résoudre définitivement par l'affirmative. Permettez-moi donc, Monsieur le commandant, de vous poser la nouvelle question toute militaire qui se présente ici à résoudre... L'attaque de Saint-Jean d'Ulloa devant avoir de très-grands avantages, si elle réussit promptement, mais pouvant avoir des inconvénients plus grands si le succès est trop retardé, et surtout si elle échoue, croyez-vous avoir des certitudes suffisantes d'un prompt succès? Je dis des *certitudes* suffisantes et non des *chances* suffisantes. Si le prompt succès de l'attaque n'était pas aussi certain que peut l'être une entreprise de ce genre, il vaudrait mieux nous abstenir. »

Tout était prêt, le plan d'attaque dressé. « Maîtres d'Ulloa, assuraient les partisans d'une action immédiate, nous dominerions tout le littoral à vingt lieues de profondeur; les habitants nous répondraient, tête pour tête, de la vie et de la liberté de nos concitoyens. » Ce sont là de jeunes et présomptueuses confiances : un chef digne de ce nom ne les accueille pas sans mûres réflexions, dût-on lui reprocher « de fondre tout à coup dans la main des hommes de cœur, à vues élevées, à résolutions fortes, à intelligence supérieure », qui se sont donné la mission de l'inspirer. Le commandant Bazoche convoqua sur-le-champ, en conseil de guerre, le capitaine de l'*Iphigénie,* M. Parseval-Deschênes, les capitaines du *La Pérouse* et de l'*Alcibiade,* MM. Fournier et Laguerre. Ces noms n'étaient pas ceux des premiers venus. Quiconque a gardé la mémoire du brillant personnel dont se composa la marine du gouvernement de Juillet en citerait difficilement de plus universellement estimés. Pour nous rendre compte des motifs qui dictèrent les résolutions de ces trois vaillants capitaines, il est indispensable de faire une rapide inspection des lieux et d'examiner sommairement les conditions de l'entreprise à laquelle on les conviait.

La baie de Vera-Cruz est semée de bancs de coraux qui, à marée basse, se trouvent presque à fleur d'eau [1]. Quelques-uns de ces écueils ont été,

[1] Voyez, à la fin du volume, la carte dressée pour servir à l'intelligence de l'attaque de la forteresse de Saint-Jean d'Ulloa.

comme le haut-fond de Sacrificios, convertis par les apports des vents en îlots de sable. De Sacrificios au fort d'Ulloa la distance est de trois milles; elle est d'un mille à peine, mesurée entre l'îlot et la partie de littoral qui lui fait face. Vers le nord-est se prolongent, jusqu'à quatre milles au large, les récifs de Pajaros, de l'île Verte et de l'Anegada *de adentro,* laissant entre eux des passes plus ou moins larges. A la hauteur de Vera-Cruz, vous rencontrez une seconde chaîne presque parallèle à la première : la Lavandera, la Gallega et la Galleguilla. Le récif de la Gallega est le plus considérable; il affecte une forme oblongue. Sa longueur, du sud au nord, peut être évaluée à deux mille six cents mètres; sa largeur, de l'est à l'ouest, ne dépasse guère douze cents mètres. Le fort d'Ulloa occupe l'angle sud-ouest de ce plateau rocheux. Du fort à la ville, vous ne compterez pas plus de six encablures : le canon d'Ulloa tient donc Vera-Cruz à sa merci. Les bâtiments mouillent aussi près que possible de la forteresse : ce poste est celui qui leur offre le meilleur abri; des bâtiments du tirant d'eau de l'*Hermi-nie* et de l'*Iphigénie* peuvent y avoir accès. Le chenal est cependant étroit et assez difficile à suivre. Quant au fort, vous pouvez vous le représenter comme un parallélogramme flanqué de quatre bastions. Les deux grands côtés, dirigés à peu près de l'ouest-nord-ouest à l'est-sud-est, mesurent chacun deux cents mètres; les petits côtés en mesurent cent quarante. Le bastion de l'est, sur la face qui regarde la haute mer, porte le nom de bastion de la Soledad; celui de l'ouest est le bastion de Santiago. Sur la face qui regarde le sud et la ville, on trouve, à droite, en se tournant vers la terre, le bastion de San-Pedro; à gauche, le bastion de Saint-Crispin. Presque à toucher le bastion de Saint-Crispin, s'élève un cavalier qui recouvre le grand magasin à poudre.

En avant du front du large est jetée une demi-lune qui masque et protége la porte du fort. A droite et à gauche de la demi-lune s'étendent deux batteries rasantes : la batterie de San-Miguel et la batterie de Guadalupe. L'espace compris entre les extrémités de ces batteries basses est de trois cent cinquante mètres environ. Tout cet ensemble de fortifications est armé de 186 bouches à feu (103 pièces de bronze et 83 pièces de fer). L'aspect en est imposant et la réputation plus imposante encore : le fort de Saint-Jean d'Ulloa est généralement tenu pour inexpugnable. Cependant, un officier d'une rare valeur, qui, sous un déguisement audacieux, est parvenu à le visiter, qui en a étudié de près les défenses, qui en a compté homme par homme la garnison, s'étonne qu'on ose mettre en doute « que 1,500 matelots français, disposant de 200 canons, avec plus de munitions de guerre que n'en renferme peut-être toute la république du Mexique, soient en état d'emporter un fort occupé par 800 Mexicains, femmes et enfants, vieillards, galériens, déguenillés, mal armés, mourant de faim, dont 400 ou 500 seulement peuvent combattre. »

Le lundi 4 juin 1838, le conseil de guerre se rassemble : les débats n'amènent aucune décision. Le président, le commandant Bazoche, renvoie au lendemain la mise aux voix des projets présentés. Le 5 juin, il expose le plan qui lui paraît satisfaire le mieux aux exigences de la situation : ce plan consiste à pénétrer dans la rade de Vera-Cruz par la passe de l'Est. Les deux frégates seront embossées par le travers du bastion de Saint-Crispin, à portée de fusil de la muraille; la fusillade et le tir des pierriers placés dans les hunes se joindront au feu des batteries pour expulser les défenseurs du bastion et du cavalier qui le domine; on donnera ensuite l'escalade soit à l'aide d'un ponton, soit en faisant accoster de petits navires disposés à cet effet.

Le côté hasardeux d'un tel coup de vigueur ne pouvait échapper aux officiers expérimentés qui composaient le conseil de guerre. Le chenal, que les frégates devront suivre, nous l'avons déjà dit, est étroit et sinueux; en quelques endroits, il n'offre que vingt-quatre pieds de profondeur, et la levée constante qu'y produit la houle ne peut être évaluée à moins de deux pieds. Admettons qu'on le franchisse sans accident; lorsqu'on sera embossé sous les murs de la forteresse, on sera pris d'écharpe par les feux croisés des fortins bâtis aux deux extrémités de la ville. Chacun de ces fortins pourra braquer sur les frégates trois canons de 24.

Le commandant Bazoche propose de masquer ces ouvrages en leur opposant les batteries des deux bricks de vingt canons dont la station dispose. Un brick français de vingt canons, soutenu par le feu de deux frégates et embossé à la distance de trois cent cinquante toises d'un fortin mexicain, sans épaulements, sans parapets, de vingt pieds à peine de hauteur, armé de dix canons, ne pourra-t-il donc faire taire trois canons de 24, seules pièces que la direction du tir permettra aux ennemis d'employer? On ne demande pas au brick de s'emparer du fortin; il suffira qu'il lui impose silence pendant une heure et demie, temps jugé nécessaire pour l'escalade.

Les commandants de l'*Alcibiade*, du *La Pérouse*, de l'*Iphigénie,* successivement consultés, déclarent que, dans leur opinion, on ne saurait compter sur l'action des bricks. Ce n'est pas le feu du fortin qu'il faut craindre pour ces bâtiments, c'est la difficulté de se rendre au mouillage indiqué et l'impossibilité presque certaine de s'en tirer en cas d'insuccès. « Ne pourrait-on alors occuper préalablement les fortins soit par escalade, soit par une attaque en règle tentée par une troupe de débarquement? » Il serait malaisé de surprendre des ouvrages que l'on doit supposer soigneusement gardés : parvînt-on, d'ailleurs, à s'en rendre maître, comment s'y maintiendrait-on, dominé qu'on serait par les maisons voisines? Le conseil, à l'unanimité, repousse le projet soumis à son examen : mieux vaudrait, suivant lui, embosser les frégates et les bricks par le travers des deux bastions qui regardent le large et opérer ensuite un débarquement sur le récif de la Gallega, récif qu'on a tout lieu de supposer guéable.

Malheureusement, ce second projet, avant qu'il soit possible de passer à l'exécution, exige de longues études, des reconnaissances préalables : la fièvre jaune ne laissera pas le temps de les entreprendre. Elle s'abat sur les deux frégates, et, en quelques jours, les convertit en hôpitaux flottants.

CHAPITRE XVI.

Le gouvernement français, cependant, avait résolu d'en finir. Des forces considérables se rassemblaient à Brest et à Toulon; frégates, bricks et bombardes s'armaient à la hâte. On se proposait d'y joindre deux navires à vapeur, les premiers navires français de ce genre qui aient, je crois, traversé l'Atlantique. Le contre-amiral Baudin prendrait le commandement de cette division navale et arborerait son pavillon sur la frégate *la Néréide*. Le Roi, pour mieux marquer le dessein bien arrêté d'obtenir de justes réparations, confiait à l'amiral son propre fils, le prince de Joinville, investi du commandement de la corvette *la Créole*. L'expédition entrait dans une nouvelle phase.

Allait-on donc faire revivre ce fameux plan de Bolivar qui dort dans les cartons du ministère des affaires étrangères? L'Amérique serait-elle divisée en petites monarchies, sous la garantie des flottes et des armées européennes? « Les têtes faibles, au Mexique, nous affirme un témoin de ces événements, n'en doutaient déjà plus. C'était le vœu secret de tout un parti, du parti le plus puissant à cette heure. Bourbon d'Espagne ou Bourbon de France, peu lui importait, pourvu qu'on lui rendît l'état monarchique. » Si pareil dessein a jamais été agité dans les conseils de la couronne, je dois déclarer que les papiers les plus secrets de l'amiral Baudin n'en ont gardé aucune trace. On ne voit qu'une chose dans ces documents, qui m'ont été communiqués sans réserve : l'ardeur d'un jeune prince impatient de se distinguer et plus heureux dans cette tentative que l'héroïque enfant qui a donné son sang à l'Angleterre, ne pouvant pas le donner à la France.

« Le jour où Votre Excellence m'a confié le commandement des forces navales dans le golfe du Mexique, écrivait au vice-amiral de Rosamel, alors ministre de la marine, le contre-amiral Baudin, je lui ai annoncé que mon départ de Brest aurait lieu le 1ᵉʳ septembre. En effet, aujourd'hui, 1ᵉʳ septembre 1838, nous sommes sous voiles et déjà hors du goulet à neuf heures du matin. » Cette ponctualité est d'heureux augure : elle montre à la fois l'activité du chef et la complaisance des éléments.

Le 9 septembre, la *Néréide,* accompagnée de la *Créole*, mouillait sur la rade de Cadix. Deux autres frégates, la *Gloire* et la *Médée,* y attendaient l'amiral Baudin, prêtes à se ranger sous son pavillon. Le 11 septembre, toute la division faisait route. La glorieuse campagne où vont se fonder tant de jeunes renommées commence : « Soyez préparé à la guerre, écrit l'amiral au prince de Joinville, et préparez-y votre équipage. Que tous vos discours, toutes vos pensées aient le combat pour but ; que chacun, à votre bord, se familiarise avec l'idée que de brillants succès doivent être le résultat de l'activité et de l'audace unies au bon ordre, qu'un coup de main hardi, mais sérieux et exécuté avec sang-froid, avec ténacité, peut terminer la querelle, au plus grand honneur de la France et aux applaudissements des deux mondes. La circonstance est favorable au rétablissement de la discipline, dont les ressorts ont été détendus par les habitudes d'une longue paix. Occupez-vous immédiatement de les retremper, et, pour cela, commencez par tracer très-fortement la ligne de démarcation entre les divers grades. En service, il n'y a point d'égaux ; il n'y a que des supérieurs et des inférieurs, des hommes qui commandent et des hommes qui obéissent. Un équipage bien conduit doit manœuvrer, dans toutes les circonstances, comme s'il s'agissait du salut du navire; il doit faire tous ses exercices de guerre, comme s'il se trouvait sous le feu de l'ennemi. Gardons-nous bien de croire que, dans les dangers de la navigation ou à l'instant du combat, la nécessité du moment suppléera au défaut d'habitude et créera tout à coup une impulsion extraordinaire : ce serait une erreur funeste. Attachez-vous, Monseigneur, à faire régner le silence à votre bord et à convaincre chacun de la nécessité de l'observer. Le silence est une condition d'ordre indispensable; il est l'âme de la bonne manœuvre. Plus il semble étranger aux habitudes de notre nation, plus vous devez apporter de force de caractère, de persévérance, de soins de tous les instants pour l'obtenir, sans toutefois employer directement des moyens qui diminueraient l'affection que votre équipage doit vous porter. L'autorité ne s'exerce que par les intermédiaires : les vôtres sont vos officiers; c'est par eux que vous devez agir sur votre équipage. Le bien du service exige que vous soyez très-aimé et que les personnes qui exercent l'autorité sous vous soient un peu craintes. Un capitaine ne peut apporter d'indulgence dans le service qu'autant que ses officiers sont des instruments inflexibles de la discipline établie. S'ils y mettent de la mollesse, il est obligé d'y mettre un excès de sévérité. Cependant, une grande bonté de la part du chef doit toujours tempérer les rigueurs de la discipline. Ce n'est qu'en nous occupant de tous les soins, même les plus minutieux, qui peuvent contribuer au bien-être et au bonheur des hommes placés sous nos ordres, que nous acquérons le droit de ne jamais leur passer une faute. »

Toutes ces recommandations sont excellentes. Qu'aurait dit de mieux le duc d'Albe ou don Garcia de Toledo [1]?

---

[1] « Occupez-vous sans relâche et personnellement, écrit le duc d'Albe à don Juan d'Autriche, du payement intégral et aux époques voulues de la solde ; occupez-vous aussi de la bonne qualité des vivres. Il importe que le soldat sache bien que c'est aux ordres, à la sollicitude de Votre Excellence, qu'il est redevable de son bien-être. Exigez que les soldats aient un très-grand respect pour les officiers, mais ne permettez pas que les officiers les maltraitent, en aucune circonstance, sans motif. Il faut que le simple soldat ose venir se plaindre, si on lui fait tort ; il faut qu'il soit intimement convaincu que la moindre injustice dont on le rendrait victime sera sévèrement punie. Maintenez en même temps dans les rangs une discipline inflexible : pas de faute qui ne trouve à l'instant son châtiment ! On dira peut-être à Votre Excellence que semblables rigueurs lui aliéneront le cœur du soldat : la faiblesse l'empêcherait bien plus sûrement d'être aimée. Votre Excellence devra être

L'histoire a besoin d'un certain lointain pour ne
pas tourner à la satire ou au panégyrique; en ce
qui concerne l'amiral Baudin, elle nous rappelle-
rait surtout quelle part les circonstances ont dans
la gloire des hommes. Pour quelques-uns qui lais-
sent échapper les occasions, combien pourraient
à bon droit se plaindre que l'occasion leur ait
manqué! L'amiral Baudin n'a pas rencontré les
occasions qui convenaient à son envergure; toutes
ses aptitudes le désignaient pour la grande guerre :
un homme de cette valeur, succédant à La Touche-
Tréville, nous eût épargné les douleurs de Trafalgar. Je crois le voir encore dans sa verte vieillesse :
nul ne rappela mieux l'époque où les médiocres
mêmes étaient de haute taille; il en avait gardé un
certain port de tête et je ne sais quelle sorte d'em-
phase militaire qui ne messied pas aux héros. « Il
y a plus d'une demeure dans la maison de mon
père », dit l'Écriture. J'ai connu bien des hommes
de mer; j'en ai connu de tous les pays : Baudin et
eux habitaient, à coup sûr, la même maison; ils
ne logeaient pas au même étage. D'une stature
élevée, respirant la force, impétueux et sanguin,

très-circonspecte avant de donner des ordres; une fois l'ordre
donné, elle en exigera l'exécution à la lettre. »

impérieux avec bonhomie, ce soldat vigoureux vous
faisait, au premier abord, l'illusion d'un Lobau,
d'un Ney ou d'un Kléber; mais ni Lobau, ni Ney,
ni Kléber n'auraient, je crois, écrit : « Malheur à
quiconque voit dans la guerre autre chose qu'un
moyen de conquérir la paix ! En allant au Mexique,
je ne souhaite la guerre ni pour elle-même, ni
pour les avantages qu'elle pourra m'apporter : que
le ciel me préserve de pareils sentiments ! Je les
déclare odieux et méprisables. Ce que je souhaite,
c'est que les réparations dues à nos compatriotes
leur soient accordées. Il serait, je le sais, plus dramatique de ravager les côtes, de profiter des dissensions entre les citoyens du Mexique pour les armer
les uns contre les autres. Il en pourrait sans doute
résulter un peu de gloire pour moi et mes compagnons d'armes; la France y gagnerait-elle autre
chose que d'exciter dans ce pays des ressentiments
plus profonds? »

L'amiral Baudin, on le voit, n'était pas seulement un soldat. Deux hommes se retrouvaient et
se conciliaient en lui : l'homme de l'Empire, au ton
et au geste toujours dominateurs, — c'est celui-là
qui, lorsque les Mexicains fusilleront son canot à
bout portant, se dressera sur les bancs pour me-

nacer du doigt les pelotons ennemis comme une bande d'écoliers turbulents pris en faute; — l'homme de la Révolution, qui n'a pu, au milieu de toutes les splendeurs de l'héroïque épopée, oublier complétement l'esprit et le langage humanitaires de 89. Dans ce second homme, reconnaissez le fils de Baudin des Ardennes. Charles Baudin, capitaine de la *Bayadère* ou commandant en chef de l'expédition du Mexique, croirait manquer au sang dont il est sorti s'il ne cherchait, dans les régions les plus élevées de la philosophie chrétienne, le principe de ses discours et de sa conduite. Sa voix eût retenti avec autant d'éclat à la tribune que dans la mêlée; quelquefois même, — n'essayons pas de le dissimuler, — nous entendrons cette voix, faite pour les grands accents, s'enfler au delà de ce qu'exigeraient peut-être les circonstances. Nous la trouvons trop forte; n'est-ce point parce que tout s'est rapetissé autour de nous, les peuples et les événements?

CHAPITRE XVII.

Il fallut près d'un mois à la division, partie de Cadix le 11 septembre 1838, pour atteindre la hauteur de l'île Saint-Domingue. Déjà les épreuves commençaient : trois cents artilleurs de la marine et vingt-cinq soldats du génie avaient été embarqués à Brest sur la *Néréide*. A Cadix, on répartit ce contingent entre les trois frégates : il n'en resta pas moins, tant matelots que soldats, près de six cents hommes à bord du navire amiral. « L'augmentation de personnel résultant de la présence des troupes passagères, écrivait l'amiral le 13 octobre, nous met fort à court d'eau. Nous avons eu des chaleurs affreuses depuis que nous sommes dans la mer des Antilles; les équipages ont beaucoup souffert de la soif; toutes les précautions possibles n'ont pu empêcher les matelots et les soldats passagers de s'abreuver d'eau de mer, au grand détriment de leur santé. J'ai pris le parti d'écrire au consul général de la Havane d'affréter tous les quinze jours un navire de commerce pour porter à ma division devant Vera-Cruz un chargement d'eau et de vivres frais. Je sais que ces mesures causeront des dépenses que probablement Votre Excellence n'avait pas prévues; mais, en fait d'expéditions militaires, ce qui est économique, c'est ce qui assure le succès. Rien n'est plus dispendieux que ce qui ne réussit pas. »

L'amiral Baudin, si discipliné qu'il se proposât d'être, l'a toujours pris de haut avec les ministres. Ce que je crois pouvoir garantir, — car je l'ai très-intimement connu et je demeure encore pénétré de ses bontés, — c'est qu'il ne s'en apercevait pas. Il faisait la leçon à des gens qui s'imaginaient n'avoir qu'à lui donner des ordres; il la faisait parfois d'une façon un peu sentencieuse, comme il convient à un homme qui s'inspire toujours des motifs les plus nobles et qui reste patriote dans un temps où le culte de la patrie est loin d'embraser au même degré toutes les âmes.

Manquer d'eau en vue de la rivière, se voir contraint d'envoyer remplir ses futailles à deux cent quatre-vingts lieues du mouillage qu'on occupe, telle

est la perspective qui s'ouvre devant la division navale du Mexique. Et cette eau, la plupart du temps,
quand on l'aura fait venir à grands frais, on la recevra
corrompue, « noire comme de l'encre », fétide. Nos
appareils distillatoires nous épargnent maintenant
ces misères : seulement, qu'on n'oublie pas qu'ils
n'ont fait que déplacer la question. Au lieu d'eau,
c'est du charbon qu'il faut se procurer. Si, en 1859,
je n'avais capturé sur ma route des navires autrichiens chargés de trois mille tonneaux de houille, je
n'aurais jamais réussi à maintenir pendant près de
trois mois le blocus de Venise. La guerre de course,
dont on parle tant aujourd'hui, pourrait bien, faute
de dépôts de charbon, devenir impossible partout
ailleurs que dans les mers d'Europe : elle était
autrement facile au temps de la marine à voiles.
Heureusement, il n'est pas nécessaire d'aller loin
pour intercepter les richesses ennemies; nos colonies mêmes ne se défendront nulle part aussi effica-
cement que dans la Manche ou dans la mer du Nord.

Le 18 octobre au matin, sur la sonde du banc
de Campêche, la *Néréide* rencontre les frégates
l'Herminie et *l'Iphigénie* : ces frégates allaient
renouveler leur eau à la Havane. Triste spectacle
pour les bâtiments qui arrivent de France ! Voilà

donc dans quel état on revient du Mexique! « La fièvre jaune et le scorbut, écrit l'amiral Baudin, ont chassé l'*Herminie* et l'*Iphigénie* du golfe. Il est grand temps qu'elles atteignent un port de relâche. L'*Herminie* ne saurait, vu la réduction de son personnel, continuer la campagne : sur cinq cents hommes, elle compte trois cent quarante-trois malades. L'*Iphigénie* seule pourra être remise en état de rallier mon pavillon. Elle a cependant enterré à Sacrificios quarante-cinq marins et cinq officiers. »

La fortune, on serait tenté de le croire, est lâche : quand elle a commencé à frapper, elle s'acharne à plaisir sur sa victime. La pauvre *Herminie,* si éprouvée, ne devait pas revoir la France; en partant de la Havane, elle alla donner sur les rochers des Bermudes et y termina sa carrière.

On parlait beaucoup, à bord de la *Néréide,* des *nortes,* coups de vent soudains qui, partis de la pointe des Florides, ne s'éteignent que dans les vastes plaines du Yucatan. Le 23 octobre, on s'estimait à sept lieues de la Vera-Cruz : une violente tempête tout à coup se déclare, et pendant deux jours les robustes côtes de la frégate amirale sont mises à l'épreuve. On sait désormais à quoi s'en tenir : la saison des épidémies fait place à la saison des tourmentes, lorsque les deux fléaux ne s'entendent pas pour vivre de compagnie. Enfin, le 26 octobre, apparaît au loin la cime neigeuse du pic d'Orizaba. A trois heures de l'après-midi, la *Néréide* laisse tomber l'ancre sous l'ilot de Sacrificios [1]. L'escadre dispersée va se concentrer. La *Gloire*, la *Créole*, l'*Iphigénie*, reviendront bientôt de la Havane, où l'amiral les a détachées; la *Médée*, le *La Pérouse*, l'*Alcibiade*, le *Cuirassier*, le *Voltigeur*, le *Du Petit-Thouars* sont déjà sur rade. Le 7 novembre, arrivent, inestimable renfort, les deux navires à vapeur *le Météore* et *le Phaéton;* puis surviennent deux bombardes, *le Cyclope* et *le Vulcain*, accompagnées des bricks *le Zèbre, la Fortune* que l'on convertira en hôpital, *la Naïade, la Caravane, l'Oreste* et *la Sarcelle.* Les bricks *l'Éclipse* et *le Laurier* croisaient entre Tampico et Tuxpan. Un ouragan les a désemparés. L'*Éclipse* peut encore servir; quant au *Laurier,* ce n'est plus qu'une épave : son capitaine l'a laissé à la Havane et est passé avec tout son équipage sur l'*Iphigénie.* « Honneur à l'*Éclipse!* Honneur au

[1] Voyez la carte, à la fin du volume.

Laurier! écrira l'amiral Baudin. Je considère mes forces actuelles comme suffisantes pour un coup de main décisif. Notre plus grand obstacle est la saison : les vents soufflent presque continuellement du nord, avec une violence qui rend toute opération impossible, mais il ne faut qu'une nuit de calme, sans lune, précédée et suivie d'un jour de beau temps. »

Comment s'était établie cette confiance? Par des reconnaissances, bien imprudentes sans doute, qui n'en méritent que mieux d'être racontées.

Le commandant Le Ray, de la *Médée,* partait pour Mexico le jour même de l'arrivée au mouillage, avec l'aide de camp de confiance de l'amiral, le lieutenant de vaisseau Page. Il allait sommer le gouvernement mexicain de répondre enfin catégoriquement aux réclamations de la France. Un capitaine d'infanterie mexicain, don Calisto Zaragoza, lui servait de guide et d'escorte. Si ce Zaragoza était le futur général que nos troupes rencontreront en 1862 dans la plaine de Puebla, la coïncidence est assez curieuse pour qu'on la signale. Le commandant Le Ray emportait l'ordre de ne pas attendre la réponse du congrès au delà de trois jours : si l'on voulait se trouver en mesure de mener à bonne fin les opérations avant l'hivernage, il n'y avait pas un instant à perdre. Dans la nuit du 3 au 4 novembre, l'amiral envoie reconnaître le plateau de la Gallega. Le plan d'attaque qui a obtenu l'adhésion du conseil de guerre convoqué par le commandant Bazoche est aussi celui vers lequel les préférences de l'amiral inclinent. « Le but de la reconnaissance que vous allez faire ce soir, écrit-il au prince de Joinville, est seulement de chercher sur le récif une partie guéable par laquelle on puisse s'approcher de la forteresse. » Et c'est un prince, un fils de France, que l'amiral croit devoir charger de ce soin! N'y a-t-il pas lieu de s'en étonner? Quel otage on s'expose à mettre aux mains des Mexicains!

Les généraux ont plus de peine qu'on pense à résister à de juvéniles ardeurs : on en a eu la preuve au Zoulouland. La mission d'ailleurs fut remplie avec autant de zèle que d'intelligence. « Je suis parti du mouillage de Sacrificios, — ainsi s'exprime le rapport du prince, — à onze heures du soir. Deux embarcations armées accompagnaient le canot que je montais. Le temps était à souhait : la lune éclairait peu, l'atmosphère était calme et une faible houle faisait marquer les brisants. Les Mexicains avaient probablement vu de la côte le départ de nos embarcations, car une fusée partit d'un point situé presque en face de votre frégate. Un grand feu fut aussitôt allumé sur une des extrémités du fort; la cloche fut mise en branle; les batteries s'éclairèrent avec promptitude. Nous étions découverts. Notre exploration n'en a pas moins continué, et nous avons enfin trouvé, à trois quarts de mille du fort, une petite crique où la mer est parfaitement tranquille et où les plus grandes embarcations pourront entrer et mouiller. Voyant que le fond vers le sud était très-égal, mais trop élevé pour permettre aux canots d'approcher, je suis entré dans l'eau et me suis dirigé vers le fort. Partout nous avons trouvé le sol parfaitement égal et à environ un pied au-dessous de l'eau. Le sol, de sable, est recouvert d'une couche d'herbes marines très-courtes, qui ne gênent aucunement la marche. En nous avançant près du fort, nous avons de nouveau donné l'éveil à la garnison, qui, du reste, se garde très-bien. Elle a même fait sortir, par la porte de la place d'armes du chemin couvert, un détachement qui, en s'avançant sur l'îlot et en entrant ensuite dans l'eau pour nous éloigner, nous a donné la preuve que le récif était praticable d'un bout à l'autre. »

On comprend que le prince ne se soit pas soucié d'insister sur le danger qu'il venait de courir. Un de ses compagnons, destiné à devenir un de nos plus brillants généraux, le commandant du génie Mengin, n'avait pas les mêmes raisons de se taire : « Nous étions sans armes, dit-il, à six cents ou sept cents mètres de nos embarcations, et la présence du capitaine Le Ray à Mexico nous faisait un devoir d'éviter toute espèce de collision. Nous prîmes le parti de hâter notre retraite le plus possible, ce qui dura cinq minutes environ. Au bout de ce temps, la poursuite ayant cessé, nous continuâmes avec moins de précipitation. Nous regagnâmes nos embarcations vingt-cinq minutes après avoir commencé notre retraite. Il était à peu près deux heures et demie. De notre reconnaissance, il résulte que le banc de la Gallega présente une surface toujours guéable, très-unie et très-commode pour la marche. Entre l'anse du débarquement et le fort, la distance est de mille à onze cents mètres, distance très-favorable en ce qu'elle est en dehors de la bonne portée du canon et tout à fait hors de vue la nuit. »

Le 12 novembre, l'amiral voulut renouveler l'exploration de la Gallega : il la renouvela en personne. Le prince de Joinville l'accompagnait. Avec un peu d'audace, les Mexicains prenaient cette fois du même coup de filet le chef de l'expédition et le capitaine de la *Créole*. « J'étais, nous apprend l'amiral Baudin, avec le prince de Joinville, à la tête d'une petite colonne de trente hommes. Je fis faire halte à la colonne à moins de vingt toises de la batterie basse de San-Miguel [1], lorsque, après avoir été hélé par les sentinelles mexicaines et avoir entendu le commandement de : *Apprêtez armes!* j'eus reconnu, au bruit des fusils qu'on armait, que l'ennemi avait une force considérable sur pied dans la batterie. Le chef de bataillon Mengin, qui est un peu sourd, continua de s'avancer seul jusqu'au pied d'une rampe par laquelle l'ennemi pouvait facilement descendre vers lui et l'enlever. Nous étions dans l'eau jusqu'à la ceinture : il nous aurait été impossible de le secourir. D'ailleurs, une retraite immédiate était indispensable. Mon secrétaire, M. Moreau, se détacha par mon ordre et alla prévenir M. Mengin du danger qu'il courait, au risque d'être enlevé avec lui. »

Quand on a vu devant Sébastopol l'obstination des officiers du génie envoyés en reconnaissance,

---

[1] Voyez, à la fin du volume, le *plan du fort de Saint-Jean d'Ulloa*.

le superbe dédain du colonel Frossard pour les précautions les plus légitimes, il est difficile de croire que la prétendue surdité du commandant Mengin n'ait pas été, en cette circonstance, un peu volontaire : Nelson, à Copenhague, rappelé par les signaux de l'amiral Parker, appuyait sa longue-vue sur son œil crevé. Le commandant Mengin tenait essentiellement à toucher pour ainsi dire du doigt les défenses ennemies, car il était spécialement chargé de dresser, après cette seconde exploration, le plan d'attaque. « Il est important, disait le commandant, que la mer soit calme, plutôt basse que haute, la nuit aussi obscure que possible. L'expédition partira donc du mouillage quatre heures avant le lever de la lune, comptant : une heure et demie pour le trajet de Sacrificios à l'anse du récif; une demi-heure pour le débarquement; trois quarts d'heure pour arriver jusqu'à la palissade du fort, avec une petite halte à moitié chemin; une demi-heure pour l'attaque du chemin couvert et pour la mise hors de service des batteries basses; une demi-heure pour la retraite jusqu'aux embarcations, si l'on doit se contenter de ce résultat incomplet. Mais il peut fort bien arriver que la poursuite des Mexicains, chassés des ouvrages avancés, conduise la tête d'une des colonnes jusque sous la voûte qui donne entrée au fort. Dans ce cas, sans essayer de pousser plus loin, les hommes feront ferme dans le passage, empêcheront ainsi de refermer la porte et appelleront au secours. Le commandant supérieur de l'attaque ordonnera aux clairons de sonner, et toutes les troupes se précipiteront dans le fort aux cris de : *Vive le Roi!* »

Pour concevoir et pour mettre à l'étude de pareils projets, il fallait bien mépriser l'ennemi qu'on allait avoir à combattre ! Cette confiance est souvent un gage de victoire : quand elle conduit, comme à Guadalupe, à un échec, Dieu sait si on lui épargne le blâme et la raillerie. La campagne de 1805, en Autriche, a vu cependant, s'il en faut croire les Mémoires du général Lejeune, des places fortes ainsi emportées par un brusque assaut. Le plus sûr sera de ne pas s'y fier, surtout quand on attend des bombardes. Les feux courbes, peu usités encore, vont tout à l'heure montrer qu'on a plus facilement raison des forteresses avec des mortiers qu'avec des échelles.

CHAPITRE XVIII.

Ce sera l'éternel honneur de l'amiral Baudin de n'avoir ouvert les hostilités qu'à la dernière extrémité. Le commandant Le Ray rapportait de Mexico une réponse évasive : l'amiral consentit à se rendre à Jalapa pour s'y aboucher personnellement avec les plénipotentiaires mexicains. « La France, disait-il, est loin de nourrir aucune arrière-pensée qui soit contraire à l'indépendance et à l'intégrité territoriale du Mexique. En bloquant vos ports, elle a usé du moyen le plus doux qui fût en son pouvoir pour obtenir, après tant d'années et tant de démarches, le redressement des griefs de ses nationaux. » Le ministre des affaires étrangères de la république mexicaine, M. Cuevas, n'essayait pas de pallier les torts de son gouvernement; il continuait seulement de se retrancher derrière l'irresponsabilité morale d'un pays bouleversé par ses agitations intérieures. « Les désordres dont vous vous plai-gnez, répondait-il imperturbablement à l'amiral Baudin, sont la conséquence inévitable et fatale de l'enfance politique du Mexique. » Arrivé à Jalapa le 17 novembre, l'amiral en repartit le 21, laissant entre les mains de M. Cuevas un dernier et sérieux ultimatum. « Je lui ai déclaré, écrit-il au ministre de la marine, que j'allais attendre à mon bord jusqu'au 27 la décision finale du gouvernement mexicain. Si le 27, à midi, satisfaction complète n'est pas donnée à la France, je commencerai immédiatement les hostilités. »

Différer — *dilatar* — est, dit-on, la maxime favorite de la diplomatie mexicaine. La ressource, cette fois, est usée : l'habileté du congrès va se heurter à une résolution inébranlable. La division navale que commande l'amiral Baudin s'est portée du mouillage de Sacrificios au mouillage de l'ile Verte. Dès le 26 au soir, les premières dispositions de combat sont prises : les dromes ont été mises à terre, les bouts-dehors de bonnettes descendus sur le pont; les suspentes en chaîne, les fausses balancines, les bosses de galhaubans et d'itagues sont en place. Tout est prêt pour le lendemain; voici les derniers ordres : les baromètres et les chronomètres des frégates seront envoyés, avec ceux des bombardes, à bord des petits bricks qui ne sont pas destinés à prendre part à l'engagement; on mettra les chaloupes à la mer avant l'appareillage. Chacune de ces embarcations, armées par les équipages des bricks laissés au mouillage, devra être munie d'une ancre à jet et de deux aussières. Toutes iront se placer au nord des frégates, hors de la portée des canons du fort, mais en position de venir élonger des touées, s'il en était besoin.

Au signal de l'amiral, les bombardes se porteront à la hauteur de la coupure du récif de la Gallega et s'y embosseront. Les trois grandes frégates, — *la Néréide, la Gloire, l'Iphigénie,* — mouilleront au sud de cette même coupure, de manière à former une ligne serrée. Elles se trouveront ainsi à sept ou huit encâblures du fort. La portée du canon de 30 court, tiré avec un seul boulet rond et une charge égale au quart du poids du boulet, est de quinze cent cinquante mètres environ, sous un angle de projection de cinq degrés. C'est donc l'angle de tir qu'il conviendra d'adopter pour le combat. Les canons-obusiers de 30, chargés à obus et tirés avec deux kilogrammes de poudre, ont, à peu de chose près, la portée des canons. Quant aux caronades, il semble inutile de les employer dans un engagement où la distance dépassera quatorze cents mètres. Si l'on tient cependant à tenter de s'en servir, il faudra les pointer sous l'angle de sept ou huit degrés.

L'intention de l'amiral est d'ailleurs de commencer par régler le tir de la division d'attaque à l'aide de quelques coups d'épreuve. La *Naïade* et la *Sarcelle,* placées dans la direction du nord-ouest, feront à cet effet les signaux nécessaires : le pavillon 1, hissé au mât d'artimon, indiquera que le coup a porté en deçà du but; le pavillon 2, en tête du grand mât, qu'il a porté juste; le pavillon 3, arboré au mât de misaine, annoncera que le projectile est tombé au delà du fort.

Tout n'est-il pas prévu? L'ordre du jour est bref : je ne vois pourtant aucune disposition essentielle qui soit omise. L'amiral, lui, ne le trouve pas encore complet : « Si le feu de l'ennemi, dit-il en finissant, est vif et bien dirigé, on fera descendre dans le faux-pont les hommes de la manœuvre, pour les mettre à l'abri, ne gardant que les chefs et les servants des pièces. Les gabiers ne seront envoyés dans la mâture que s'il y avait des avaries de gréement urgentes à réparer. » N'est-ce pas ici le capitaine de la *Dryade* que nous entendons? Brave et excellent cœur qui voudrait, s'il était possible, garder tous les dangers pour lui!

Le 27 au matin, le temps était calme. Ordre est donné aux deux navires à vapeur *le Météore* et *le Phaéton* de prendre chacun une des deux bombardes à la remorque et de les conduire au poste d'embossage qui leur a été assigné. Le *Phaéton* et le *Météore,* bateaux à aubes de cent soixante chevaux, n'ont ni la puissance ni la sûreté d'allures de nos magnifiques pyroscaphes d'aujourd'hui; plus d'une fois ils ont mis à l'épreuve la patience du chef de l'expédition. « J'ai une bien malheureuse veine, écrit l'amiral, en fait de navires à vapeur : le *Phaéton* n'a jamais pu marcher trois jours de suite; le *Météore,* autre patraque sans cesse détraquée, redoutant constamment l'ébranlement de son arbre de couche, a eu ses côtes rôties dans la traversée de France au Mexique. » Ingrate marine à voiles, c'est ainsi que tu parlais en 1838 de ces précieux auxiliaires, qui allaient bientôt te supplanter! Tout écloppés qu'ils fussent, le *Météore* et le *Phaéton,* dans la journée du 27 novembre, jouèrent un rôle important : sans eux, la hardiesse de s'accoster au récif eût pu, à bon droit, être taxée de témérité; le succès même n'aurait, aux yeux des marins, absous qu'incomplétement l'amiral. Il n'est donc que juste d'attribuer à ces deux « patraques » une part considérable dans l'heureuse issue de la campagne. L'amiral Roussin aurait fort apprécié leurs services à l'embouchure du Tage.

Suivons-les dans leurs pérégrinations essoufflées; voyons-les se multiplier pour se rendre utiles : ils commencent par amener à l'est de la petite coupure qui sépare en deux le grand récif de la Gallega, le *Cyclope* et le *Vulcain,* lourdes hourques auxquelles soixante-quatorze jours de traversée n'ont pas délié les jambes; puis ils reviennent offrir leurs services aux frégates. Le *Météore* prend à la remorque la *Néréide,* le *Phaéton* se charge de la *Gloire;* l'*Iphigénie* ne veut avoir recours qu'à ses voiles. Quelques minutes avant midi, la *Néréide* laissait tomber l'ancre aussi près que possible de l'accore du récif; la *Gloire* et l'*Iphigénie* prenaient leur poste avec une remarquable précision, la première sur l'avant, la seconde sur l'arrière de la *Néréide.* La *Naïade,* la *Sarcelle,* le brick *le Voltigeur,* se sont échelonnés entre le plateau de la Gallega et l'île Verte : ils transmettront, s'il en est besoin, les signaux de l'amiral à la partie de la division laissée en réserve. La corvette *la Créole* a reçu l'ordre de se tenir sous voiles, en observation au nord-ouest de la forteresse. Quand on refuse à la frégate *la Médée,* dont les canons sont des pièces de 18, l'honneur de s'embosser à côté des frégates portant en batterie du calibre de 30, pourrait-on songer à mettre en ligne cette petite corvette, qui, à l'exception de deux obusiers, ne possède pour tout armement que des caronades? « Le prince, a écrit l'amiral le 15 octobre, manœuvre la *Créole* avec une promptitude et une précision qui feraient honneur à un capitaine consommé. » S'il sait manœuvrer, le prince aura l'occasion de le faire voir : il ne lui est pas interdit de circuler entre les récifs.

CHAPITRE XIX.

L'ancre de la *Néréide* venait de toucher le fond ; midi n'avait pas encore sonné : un canot se détache de terre et amène le long du bord deux officiers. Ces officiers sont des parlementaires. Que le gouvernement mexicain mette de côté ses atermoiements, qu'il accepte franchement et sans réserve les conditions de la France, le canon restera muet : convenons cependant que la réponse du congrès, cette réponse apportée avec tant d'ostentation à la dernière minute du délai fixé, aurait pu arriver un peu plus tôt. N'importe ! l'essentiel est que la réponse attendue soit claire et catégorique. L'amiral en étudie soigneusement les termes, cherche à l'interpréter dans le sens le plus favorable ; à deux heures, son parti est pris : « J'ai perdu, écrit-il au général Rincon, commandant supérieur de la province et de la ville de Vera-Cruz, tout espoir d'ob-

9

tenir par des voies pacifiques l'honorable accom-
modement que j'avais été chargé de proposer au
cabinet mexicain : je me trouve dans la nécessité
de commencer les hostilités. » Un peu avant deux
heures et demie, les parlementaires sont congédiés.
A peine l'amiral les voit-il à bonne distance, qu'il
fait le signal d'ouvrir le feu. Laissons-lui maintenant la parole : personne ne saurait mieux raconter
cette journée si glorieuse pour les armes françaises.

« Jamais feu, écrit-il au ministre, ne fut plus vif
et mieux dirigé : je n'eus d'autre soin que d'en
modérer l'ardeur. De temps à autre je faisais le
signal de cesser le feu pour laisser dissiper le
nuage d'épaisse fumée qui nous dérobait la vue de
la forteresse : on rectifiait alors les pointages et le
feu recommençait avec une vivacité nouvelle. Vers
trois heures et demie, la corvette *la Créole* parut à
la voile, contournant le récif de la Gallega, du côté
du nord. Elle demandait par signal la permission
de rallier les frégates d'attaque et de prendre part
au combat. J'accordai cette permission. Le prince
vint alors passer entre la frégate *la Gloire* et le
récif de la Lavandera. Il se maintint dans cette position jusqu'au coucher du soleil, combinant habilement ses bordées de manière à canonner le bastion

de Saint-Crispin et la batterie rasante de l'est. A quatre heures vingt minutes, la tour des signaux, élevée sur le cavalier du bastion de Saint-Crispin, sauta en l'air, couvrant de ses débris le cavalier et les ouvrages environnants. Déjà deux autres explosions de magasins à poudre avaient eu lieu, l'une dans le fossé de la demi-lune, l'autre dans la batterie rasante de l'est. Une quatrième explosion se produisit vers cinq heures, et dès lors le feu des Mexicains se ralentit considérablement. Au coucher du soleil, plusieurs de leurs batteries paraissaient abandonnées; la forteresse ne tirait plus que d'un petit nombre de ses pièces... A huit heures, je fis le signal de cesser le feu. Vers huit heures et demie, un canot se dirigea de la forteresse vers la *Néréide*. Toute la nuit on parlementa. A huit heures du matin, les officiers que j'avais envoyés à Vera-Cruz pour traiter avec le général Rincon n'étaient pas encore de retour. Je fis signifier au général que, si la capitulation n'était pas signée dans une demi-heure, j'ouvrirais mon feu sur la ville. Quelques instants après, M. Doret, mon chef d'état-major, m'apportait la capitulation signée. C'était à midi que la forteresse devait nous être remise; l'évacuation ne put être terminée qu'à deux heures après midi. Je fis alors occuper la forteresse par les trois compagnies d'artillerie de la marine embarquées sur les frégates, et je me hâtai de tirer nos navires de la position dangereuse qu'ils occupaient. Il était temps : le vent fraîchissait, la mer devenait houleuse et les ancres se brisaient comme du verre sur le fond composé de roches aiguës. »

Ces attaques de forteresse par des bâtiments au mouillage n'ont rien, on le voit, de bien dramatique : on s'embosse et l'on tire. S'il fait calme, une épaisse fumée enveloppe bientôt le théâtre de l'action : navires et batteries de terre ne tirent plus qu'au jugé. De temps en temps il arrive à bord des vaisseaux quelques coups perdus. Les parapets ennemis présentent plus de surface : ils sont bouleversés sans qu'il en résulte pour la forteresse attaquée un dommage bien sérieux. Tel fut le combat du 17 octobre 1854 devant Sébastopol; tel fut le combat du 17 octobre 1855 devant Kinbourn. Dans le premier de ces bombardements, le plus important de beaucoup, une grêle de projectiles vomie pendant six heures n'entama d'une façon décisive ni le fort Constantin ni le bastion de la Quarantaine. Le lendemain, la flotte eût pu recommencer; nos marins n'en auraient pas davantage pris pied dans l'ouvrage démoli. Tout autres sont les résultats quand les mortiers s'en mêlent : les mortiers allumèrent l'incendie dans Kinbourn, et l'incendie amena la capitulation.

A l'attaque de Saint-Jean d'Ulloa, les trois frégates et la corvette *la Créole* avaient tiré 7,771 boulets et 177 obus. Les quatre mortiers des deux bombardes ne tirèrent que 302 bombes : ces bombes écrasèrent les voûtes des magasins à poudre. Bien qu'on ait porté au compte des obusiers de la *Créole* une des explosions, il paraît douteux que ces obusiers eussent suffi pour produire les affreux dégâts dont le général Santa-Anna, introduit dans le fort, fut témoin. Tout le front de la forteresse qui fait face à la haute mer est bâti de madrépores : les boulets l'avaient en maint endroit fait voler en éclats. Le feu des batteries continuait toujours : les explosions seules portèrent le découragement au sein de la garnison. Le conseil de guerre, convoqué sur l'invitation du général Santa-Anna, n'hésita point à déclarer à l'unanimité que la continuation de la défense était impossible. Ainsi que le constata le procès-verbal rédigé le 28 novembre à deux heures du matin, plusieurs pièces gisaient démontées et le fort ne possédait pas d'affûts de

rechange; les munitions, à peu près épuisées, n'auraient permis de prolonger le feu que pendant une
ou deux heures au plus; la majeure partie des artilleurs était tuée ou blessée. L'explosion de deux des
magasins à poudre, la destruction totale d'une
batterie haute et de presque toute la ligne des défenses extérieures, la mort du colonel du génie, la
mise hors de combat de trois officiers supérieurs,
de treize officiers subalternes et de deux cent sept
soldats, avaient notablement abattu l'esprit des
troupes mexicaines : pour tout renfort, le général
Rincon pouvait envoyer de Vera-Cruz quatre-vingt-
neuf artilleurs : c'était à peine l'armement de dix
pièces. Dans ces circonstances, il ne restait d'autre
parti à prendre que de capituler, en s'efforçant d'obtenir les conditions les plus honorables.

La perte des Mexicains était en proportion du feu
violent qu'ils eurent à soutenir; celle des assaillants
fut si faible qu'elle a fait mettre en doute les dangers de l'entreprise. La conquête du Gibraltar des
Indes fut obtenue au prix de quatre tués et de vingt-
neuf blessés. Le combat du *Renard,* on doit s'en
souvenir, coûta davantage. La *Néréide* comptait
quinze hommes hors de combat, la *Gloire* cinq,
l'*Iphigénie* treize. Le *Cyclope,* le *Vulcain,* la *Créole*

n'eurent ni tués ni blessés. Est-ce donc sur de pareils calculs que vous prétendez juger les mérites d'une action de guerre? Le mérite consiste à tenter ce que les autres ont déclaré impossible. L'opinion générale, dans la division même du Mexique, était que le fort de Saint-Jean d'Ulloa ne pouvait être emporté que par escalade et par surprise. L'amiral Baudin a prouvé le contraire, et il l'a prouvé en ne craignant pas de hasarder ses bâtiments à un mouillage où leur existence dépendait d'un souffle de brise. « La prise de la forteresse de Saint-Jean d'Ulloa par une division de frégates françaises est le seul exemple que je connaisse, dira le duc de Wellington à la Chambre des lords, d'une place régulièrement fortifiée qui ait été réduite par une force purement navale [1]. »

[1] M. le général de division Mangin-Lecreulx, rassemblant les souvenirs de sa longue carrière militaire, a raconté, dans des notes intimes, dont ses amis seuls ont eu la confidence, cette brillante expédition du Mexique, où sa position de commandant du génie l'appelait à jouer un rôle si important. J'extrais du manuscrit, qu'il a bien voulu me communiquer, le passage suivant :

« Nous avions lancé en quatre heures de temps 7,500 boulets de 30,177 obus de 80 et 300 bombes. C'étaient les deux tiers des munitions apportées de France..... Dès que nous fûmes installés dans le fort, nous reconnûmes qu'il n'y avait point de brèche à ses escarpes, et même qu'aucune de ses nombreuses casemates n'avait été enfoncée. Le principal magasin à poudre était intact, et la garnison comprenait encore au moins sept cents hommes valides,

Au mois de septembre 1838, pendant que la *Né-réide* faisait route pour le golfe du Mexique, on discutait en présence de l'amiral Lalande les chances d'une attaque sur le château de Saint-Jean d'Ulloa. Voici de quelle façon l'amiral mit un terme à la discussion : « Le fort d'Ulloa est imprenable, je l'accorde; c'est une raison de plus pour tenter de le prendre. Personne, après tant d'objections, n'aura le droit de s'étonner si l'on échoue; personne, si l'on réussit, n'osera soutenir que la chose était facile. » Pour moi, ce que j'apprécie surtout, en cette circonstance, c'est la haute sagesse et l'habileté de conduite dont l'amiral fit preuve : il ne découragea pas les partisans des surprises et des escalades, parut même s'associer à leurs desseins, mais n'en poussa pas moins sa pointe résolûment dans la seule direction qui promettait d'aboutir à

plus que suffisants pour la défense. Il n'y avait donc pas lieu de capituler. Au moment de la capitulation, nos frégates étaient sur le point de se retirer.... Les assiégés auraient dû voir que nous étions impuissants à faire brèche aux escarpes et à détruire leurs casemates, par conséquent, à prendre le fort par une simple canonnade. Quant à l'attaque par le front de mer, attaque à laquelle nous avions supposé qu'il faudrait en venir, les Mexicains auraient eu des chances pour en retarder le succès, en assurant bien leurs communications, ainsi que le flanquement des fossés du corps de place. Je suis persuadé que cette attaque par mer aurait réussi, mais elle eût pu nous coûter des pertes sérieuses. »

un résultat. L'amiral gagna ainsi du temps, et il en fallait aux bombardes pour arriver : le *Cyclope* et le *Vulcain* ne parurent devant Sacrificios que le 25 novembre, deux jours avant l'action.

CHAPITRE XX.

La convention conclue avec le général Rincon limitait le chiffre de la garnison qui serait maintenue dans la ville; elle assurait, en même temps, paix et protection à nos nationaux : Vera-Cruz devenait en quelque sorte une ville neutre. Quels furent l'étonnement et l'indignation de l'amiral Baudin lorsque, le 4 décembre, il apprit par une lettre du comte de Gourdon, capitaine du brick *le Cuirassier,* laissé en observation au mouillage de Vera-Cruz, que de nouvelles troupes venaient d'entrer dans la place! Les résidents français effrayés se réfugiaient en foule dans la forteresse occupée par nos artilleurs. Une lettre du général Santa-Anna expliqua bientôt cette violation de l'engagement contracté le 28 novembre par le général Rincon : le gouvernement mexicain refusait son approbation à une convention conclue sans son aveu; le président Bustamente déclarait la guerre à la France; Santa-Anna remplaçait dans Vera-Cruz le général Rincon destitué. L'amiral releva le gant avec un esprit de décision qui ne le montre certainement pas sous un jour nouveau, — car le propre de son caractère fut toujours d'être résolu, — mais qui laisse pressentir ce qu'il aurait pu faire si le sort l'eût jamais appelé à surmonter des difficultés plus dignes de son courage. En quelques minutes, il arrête son plan, se transporte le soir même à bord du *Cuirassier,* dicte ses ordres et fait savoir à ses capitaines qu'il s'agit d'opérer, avant que l'ennemi se soit mis sur ses gardes, un débarquement à Vera-Cruz « pour désarmer les forts et pour enlever le général Santa-Anna [1] ». On évitera ainsi la nécessité de bombarder la ville.

Le 5 décembre, à six heures du matin, par une brume épaisse, les embarcations de l'escadre jettent sur la plage mille cinq cents hommes, qui se partagent en trois colonnes. Les deux colonnes des ailes, commandées par les capitaines de vaisseau Parseval et Lainé, escaladent les remparts, renversent les canons, brisent les affûts et continuent

---

[1] Voyez, à la fin du volume, le *plan de la ville de Vera-Cruz.*

leur marche sur la muraille pour se rejoindre. La colonne du centre, conduite par un général de vingt ans, le prince de Joinville en personne, enfonce la porte du môle, pénètre dans la ville et envahit la maison où elle espère surprendre Santa-Anna : elle n'y trouve que le général Arista, le fait prisonnier et se replie vers ses embarcations, ainsi qu'elle en avait l'ordre [1]. Malheureusement, cette

[1] M. le général Mangin, dans le manuscrit dont j'ai déjà donné un extrait, a ainsi raconté cet épisode : « A cinq heures du matin, la presque totalité de nos embarcations était arrivée dans le port ; mais il nous manquait encore la chaloupe du vaisseau-amiral *la Néréide*, et c'était la plus importante, parce qu'elle devait nous apporter les pétards dont nous nous étions munis en France, pour enfoncer les portes et briser tous les obstacles. Nous attendions cette dernière chaloupe avec impatience. La nuit s'écoulait et il fallait pourtant opérer. L'amiral nous demanda (à nous, officiers du génie), si nous ne pouvions pas nous passer de ces pétards pour enfoncer la porte du môle. Nous répondîmes par l'affirmative et, avec les ressources de la corvette *la Créole*, mouillée sous le fort Saint-Jean d'Ulloa, nous préparâmes à la hâte un sac de poudre qui fut porté par nos mineurs, avec une fusée à bombe, une lanterne sourde pour allumer la fusée, un petit banc pour exhausser la charge et un dessus de table pour la recouvrir, de manière à en augmenter l'effet.

« Nous pûmes enfin partir. Il était plus de cinq heures et demie. Le prince de Joinville commandait l'avant-garde de cette petite flottille, dont il tenait la tête avec sa chaloupe. Il avait pris avec lui les trois officiers du génie et les quatre mineurs que j'avais jugés nécessaires pour porter le matériel de rupture. Nous n'étions plus qu'à quelques centaines de mètres du môle, lorsque, comme il arrive sous ces latitudes, le jour parut tout à coup. On eût dit qu'on venait de lever un rideau. Un contrebandier mexicain, Français

colonne en se retirant va donner sur une grande
caserne où les soldats mexicains, chassés des mu-

d'origine, que le prince avait pris avec lui pour nous servir de guide,
s'écria aussitôt : « Monseigneur, l'expédition est manquée; nous
sommes découverts. Voyez les canons qui vont tirer sur nous! » Le
prince se tourna vers moi, me disant : « Commandant, qu'est-ce
que vous en pensez? » Je répondis aussitôt, après avoir jeté un
coup d'œil sur la ville : « Monseigneur, je vois bien les canons,
mais je ne vois personne à côté. » Sur quoi le prince, sans nulle
hésitation, dit à ses rameurs qui s'étaient un instant arrêtés : « En
avant! et silence. » Il était évident que le prince ne m'avait con-
sulté que pour faire acte de courtoisie, parce que j'étais plus ancien
de grade et plus âgé que lui.

« Nous arrivâmes sans accident jusqu'au môle. Le prince alors nous
dit : « A vous, messieurs les mineurs! » Nous avions, comme je
l'ai dit, quatre mineurs chargés de l'attirail nécessaire pour enfoncer
la porte : je n'avais plus rien à leur dire sur ce qu'ils avaient à
faire; je pouvais donc les laisser opérer seuls, mais instinctivement
et pour donner le bon exemple, je sautai le premier sur le môle.
Mes deux officiers me suivirent, puis les mineurs. Le môle avait
cent mètres de longueur. Il était défendu par une dizaine de cré-
neaux pratiqués dans le corps de garde attenant à la porte. Si les
Mexicains avaient été sur leurs gardes, s'ils avaient eu seulement
un factionnaire pour les éveiller, pas un de nous, bien certainement,
ne serait parvenu jusqu'à la porte. Heureusement, les Mexicains
dormaient tous. Nous arrivâmes donc sans accident. Nos mineurs
placèrent leur poudre, allumèrent la fusée à bombe : nous nous
effaçâmes de notre mieux contre le mur. L'explosion eut lieu et les
deux vantaux de la porte furent lancés en l'air. A l'instant, nos
marins débarquaient en foule sur le môle et s'élançaient vers l'entrée.
D'autres, de chaque côté, débarquaient, en se jetant à l'eau, sur la
plage. Plusieurs franchirent le mur d'enceinte en s'aidant de petites
échelles. Les Mexicains du corps de garde avaient pris la fuite :
nous étions maîtres de l'entrée de la ville.

« ..... Aussitôt après la rupture de la porte du môle, la colonne
du centre, composée de deux compagnies d'artillerie de marine et
des marins de la corvette *la Créole,* se porta au pas de course sous

railles, s'étaient réfugiés. Au Mexique, les casernes et les couvents sont des forteresses : la caserne qui arrêtait nos marins aurait pu soutenir un siége. Le prince, excité par la résistance qu'on lui oppose, voyant tomber à ses côtés plusieurs de ses compagnons, dressait déjà une barricade, parlait d'envoyer chercher des caronades à bord de la *Créole*. L'amiral accourut. Son but était atteint; les remparts de Vera-Cruz n'avaient plus de canons : il prescrivit la retraite. Ce fut un des plus beaux moments de sa vie militaire; grâce à son admirable

les ordres du prince de Joinville vers la demeure du général Santa-Anna, guidée par le capitaine du génie Chauchard, cet officier ayant eu occasion d'en reconnaître l'emplacement pendant l'armistice qui avait suivi la prise du fort. La porte de la maison fut enfoncée à coup de hache par nos mineurs : le prince franchit le premier l'entrée, accompagné de quelques officiers et des marins de son équipage. Il reçoit une décharge presque à bout portant dans la cage de l'escalier, puis une seconde au haut de cet escalier qui débouchait sur un corridor intérieur. Nos soldats se précipitent sur les Mexicains qui formaient la garde du général et les poussent vivement de chambre en chambre; mais leur défense donne au général Santa-Anna le temps de s'échapper par les terrasses des maisons voisines. Ce n'est qu'après qu'il a pu se sauver que nos soldats pénètrent dans la chambre où il s'était réfugié. Les Mexicains qui avaient jusque-là échappé à nos coups, y sont pris ou tués; le général mexicain qui était avec Santa-Anna est fait prisonnier.

« Le prince de Joinville n'avait cessé d'être à la tête des assaillants. Il courut, en ce moment, le plus grand danger. Un soldat mexicain allait le percer de son sabre, quand il l'abattit d'un coup de pistolet. »

sang-froid, la retraite et le rembarquement s'opérèrent avec le plus grand calme.

Les cinq chaloupes de la colonne du centre, chacune portant une caronade de 18 à l'avant, demeuraient sur leurs grappins, la proue tournée vers la plage ; une pièce de 6 mexicaine, placée à l'extrémité du môle, devait, en cas de retour offensif, vomir à bout portant sa mitraille sur les agresseurs : il ne restait plus que quelques marins à terre. « J'étais sur le point de me rembarquer le dernier, écrit l'amiral, lorsqu'une colonne, conduite par le général Santa-Anna, déboucha au pas de course sur le môle. Je commandai de mettre le feu à la pièce mexicaine et j'entrai dans mon canot. La décharge porta le ravage dans la colonne ennemie. Une partie des hommes qui la composaient se jeta sur la plage et borda le pied des remparts, dont toutes les meurtrières se garnirent à l'instant de tirailleurs. Les autres s'avancèrent avec audace sur le môle et ouvrirent un feu de mousqueterie très-vif, principalement dirigé sur mon canot. Mon patron Guegano tomba, frappé de six balles ; l'élève de service, M. Halna du Fretay, en reçut deux ; un autre élève, M. Chaptal, jeune homme de grande espérance, fut tué. J'ordonnai alors aux cinq chaloupes de faire feu de leurs caronades. Les caronades balayèrent le môle, balayèrent la plage et firent un grand carnage des Mexicains. Une brume très-épaisse survint tout à coup et couvrit la retraite de l'ennemi. »

Le brouillard ne fut pas non plus tout à fait inutile à la retraite du canot français. Chargée outre mesure, cette embarcation s'était échouée sur les enrochements du môle : ni gaffes ni avirons ne parvenaient à la remettre à flot; les matelots se jetèrent à l'eau pour l'alléger et se mirent à la pousser vigoureusement des épaules : elle glissa sur le fond et s'éloigna, perdue au milieu de la buée opaque. Le désarmement de Vera-Cruz, l'invasion de la maison où fut pris le général Arista, n'avaient coûté que quelques blessés; l'attaque de la caserne et les derniers moments de la retraite ajoutèrent considérablement à nos sacrifices. La perte totale dans cette journée fut de huit tués et de cinquante-huit blessés. Nous avions eu l'imprenable forteresse à un prix bien moindre. Les Mexicains, il est vrai, mal revenus de leur chaude alarme, se hâtaient d'évacuer la ville; pouvaient-ils y rester sous le canon de Saint-Jean d'Ulloa?

Le désarmement de Vera-Cruz a été incontestablement un succès : il s'en fallut de peu qu'il ne tournât mal; le rembarquement de nos derniers pelotons fait involontairement songer à Nelson et à Ténériffe. Dans toute cette affaire, Santa-Anna paya bravement de sa personne : une des dernières volées tirées par nos chaloupes tua son cheval sous lui, l'atteignit en plein corps et lui infligea trois blessures graves. On dut l'amputer d'une cuisse; un moment même, on désespéra de sa vie. Le 13 décembre, néanmoins, le blessé se trouva en mesure, grâce à une énergie peu commune, de donner lui-même de ses nouvelles au ministre de la guerre. « La Providence, lui écrivit-il, conserve encore mes jours. Le 6, j'ai subi l'amputation de la jambe gauche que la mitraille ennemie m'avait mise en pièces. Si j'en dois croire l'opinion des médecins, je suis aujourd'hui hors de danger. Ma main droite, atteinte également par la mitraille, est en bonne voie. L'ennemi s'est retiré au mouillage d'Anton-Lizardo, ne laissant devant Vera-Cruz que la *Créole* et les deux bombardes. La place de Vera-Cruz sera dans quelques jours complétement évacuée : mieux valait se résoudre à cet abandon que se résigner à l'ignominie de recevoir chaque jour la loi des usurpateurs du château d'Ulloa. Nos pertes se sont élevées le 5 décembre à trente et un morts et vingt-six blessés. Depuis la glorieuse journée du 5, où il a éprouvé une si cruelle déception, l'ennemi n'a pas renouvelé les hostilités. »

Nulle race ne supporte mieux la défaite que la race espagnole et ne s'abat moins aisément sous un revers. L'amiral ne gagnait à ses deux beaux faits d'armes que la gloire de les avoir accomplis : retiré au mouillage d'Anton-Lizardo, mouillage beaucoup plus sûr, beaucoup mieux abrité que celui de Sacrificios, il ne savait quel nouveau coup frapper pour venir à bout de cette résistance indomptable. « Les Mexicains, écrivait-il, sont comme les Romains : ils vendront le champ sur lequel Annibal est campé. »

CHAPITRE XXI.

La garnison française préposée à la garde de la forteresse commençait à souffrir; quant à l'escadre, elle continuait à recevoir son eau et ses vivres frais de la Havane. On eût été charmé de trouver un biais pour renouer les négociations; les Mexicains ne semblaient nullement disposés à seconder ce désir. Les Anglais, par bonheur, apportèrent la solution : ils ne tranchèrent pas, ils dénouèrent doucement le nœud gordien. Le gouvernement français avait repoussé fièrement leur médiation officielle; ils parvinrent à faire accepter une médiation officieuse. Par l'entremise de leur ministre à Mexico, M. Packenham, un traité de paix conclu à Vera-Cruz, le 9 mars 1839, fut ratifié le 20 par le congrès. La France obtenait, à peu de chose près, les conditions réclamées à Jalapa, et le Mexique recouvrait sa forteresse.

« Si les Mexicains, écrivait l'amiral le 8 avril 1839, sont charmés de se retrouver en possession de leur citadelle, nous ne le sommes guère moins de ne plus avoir à l'occuper. Déjà vingt-quatre artilleurs, sur trois cent soixante, avaient succombé à la fièvre jaune, depuis le mois de décembre. Le *vomito* est inhérent aux murailles d'Ulloa. »

La France, en 1839, s'était prise d'une susceptibilité vraiment singulière à l'endroit de l'Angleterre. C'était la seule puissance qui fût réellement sympathique à nos institutions : le gouvernement le comprenait, raison de plus pour que l'opinion publique affectât de le méconnaître. L'opposition est inhérente à notre race comme le *vomito* aux murailles de Saint-Jean d'Ulloa. L'intervention de l'Angleterre au Mexique s'était bornée à quelques bons offices : je ne puis croire qu'elle ait porté un réel ombrage au patriotisme le plus jaloux. Seulement, tout prétexte était bon pour tenter de renverser le ministère : on se saisit de celui-là, n'en ayant pas d'autre sous la main. « Ne croyez point, écrivait avec un juste orgueil l'amiral Baudin, ceux qui vous diront qu'il y a eu de l'influence anglaise dans la libéralité des conditions accordées au Mexique. Le rôle de M. Packenham a été des plus simples : M. Packenham s'est appliqué à calmer l'exaltation des Mexicains; jamais il ne s'est entremis pour obtenir de moi la moindre concession en leur faveur : je ne le lui aurais pas permis. »

On peut croire ici l'amiral sur parole : Anglais, Américains, éprouvèrent à plus d'une reprise combien il était facile d'éveiller sa fierté chatouilleuse. « Quand plus tard, a dit en excellent style le lieutenant de vaisseau Maissin, une de ces espérances du corps de la marine si tristement fauchées avant l'heure, quand plus tard on étudiera avec attention ce qui s'est passé, quand on réfléchira que l'amiral français n'avait à sa disposition que quinze ou vingt navires de guerre, la plupart au-dessous du rang de frégates, et trois compagnies d'artilleurs contre un pays dont la surface est quatre fois celle de la France, qui a 9 millions d'habitants et dont la capitale est à cent lieues de la mer, alors peut-être on conviendra que cette expédition a été conduite avec quelque habileté, pour le plus grand honneur et le plus grand avantage de la France. » L'appréciation du lieutenant de vaisseau Maissin sera le jugement de l'histoire, — si toutefois l'histoire se souvient dans cent ans que la France a eu des démêlés avec le Mexique.

Parti de Brest le 1ᵉʳ septembre 1838, l'amiral Baudin est de retour à Brest le 15 août 1839 : « Notre affaire, écrit de nouveau son aide de camp, c'est le Mexique; c'est l'expédition navale dont nous étions la tête. Qu'en a-t-on dit et qu'en dit-on encore? Ce qu'on en dit aujourd'hui? Mais rien du tout! Le temps en est passé, et d'autres questions plus présentes ont englouti celle-là. L'Orient est en feu; l'empire ottoman se fend en deux : on n'a pas le temps de penser à la question mexicaine. » — « Ne vous fiez pas aux princes des hommes! » nous enseigne l'Ecclésiaste : fiez-vous donc à la justice et à la clairvoyance des foules! Les foules, pour admirer, ont besoin que le pavillon ne flotte pas seulement *sous les quais;* elles exigent qu'il flotte bel et bien *sur les murs* de Lisbonne. L'audace de l'entreprise les touche peu; ce qui les passionne, c'est le *butcher's bill* (la carte du boucher). Voilà pourquoi l'entrée de vive force d'une escadre à voiles dans le Tage, — le plus beau fait d'armes de la marine moderne, je n'hésite pas à le proclamer, — n'a jamais été prisée en France à sa juste valeur. Je ne suis pas davantage certain que les mérites de la campagne de 1838 au Mexique, gâtés aux yeux du vulgaire par un traité qualifié follement de traité hâtif, aient été, dans les annales du jour, placés au rang qui leur convient.

Pour récompenser le vaillant amiral, le gouvernement du roi n'avait pas heureusement attendu le retour de la *Néréide* en France. Le grade de vice-amiral, conféré le 25 janvier 1839 au commandant en chef de l'expédition du Mexique, répondit à la première nouvelle de la capitulation imposée, le 27 novembre 1838, au château de Saint-Jean d'Ulloa. Cinq ans et demi, merveilleusement bien employés, il est vrai, ont suffi pour faire du capitaine de frégate de l'Empire le commandant probable de nos flottes en cas de guerre européenne. Bien que la santé ne donne pas toujours l'énergie et que j'aie rencontré dans des corps chétifs une volonté de fer, je me réjouirai cependant quand je verrai à la tête de nos armées des hommes en possession de toute leur vigueur physique : le vainqueur de Saint-Jean d'Ulloa n'aurait craint, en 1840, ni les fatigues, ni les veilles. Les circonstances manquèrent à sa fortune ; la paix, près de se rompre, se raffermit soudain devant la menace d'une coalition formidable. Nous vîmes se dresser à la fois contre nous la Russie, l'Autriche, la Prusse, la Turquie, l'Angleterre. Il fallut bien s'incliner : la dictature morale n'appartenait plus, comme au temps du premier Empire, à la France. Le vice-amiral Baudin, revenu du Mexique, alla dépenser son activité dans les obscurs soucis d'une préfecture maritime.

En 1848, le 25 février, après une révolution qui semblait faite contre l'Angleterre plus encore que contre la monarchie, ce vainqueur, reposé par dix ans de bureau, prenait le commandement des forces navales de la Méditerranée, l'exerçait dignement, utilement, sauvait par l'énergique fierté de son attitude la discipline gravement menacée, sans trouver cependant, du 25 février 1848 au 14 juillet 1849, jour où son pavillon cessa de flotter à bord de l'*Océan,* l'occasion de laisser une nouvelle page à l'histoire. La gloire, pour les hommes de guerre, s'acquiert en une heure ; des siècles de services n'y suffiraient pas.

Le 27 mai 1854, l'empereur Napoléon III, juste appréciateur de cette vie toute d'honneur et de dévouement, faisait déposer sur le lit de douleur de l'héroïque officier le bâton d'amiral. Charles Baudin est mort, le 7 juin 1854, investi de la dignité à laquelle les plus grandes renommées aspirent; il est resté pour moi le héros de Saint-Jean d'Ulloa et surtout le capitaine du *Renard* : c'est à ce titre que je l'offre en modèle à nos jeunes officiers.

TABLE DES MATIÈRES

PARIS. — TYPOGRAPHIE E. PLON, NOURRIT ET Cⁱᵉ, RUE GARANCIÈRE, 8.

www.ingramcontent.com/pod-product-compliance
Ingram Content Group UK Ltd.
Pitfield, Milton Keynes, MK11 3LW, UK
UKHW021635170726
13836UKWH00005B/2199